ライブラリ
経済学コア・テキスト
& 最先端

アドバンスト
コース
1

実験経済学入門

下村 研一 著

新世社

編者のことば

　少子高齢化社会を目前としながら，日本経済は，未曾有のデフレ不況から抜け出せずに苦しんでいる．その一因として，日本では政策決定の過程で，経済学が十分に活用されていないことが挙げられる．個々の政策が何をもたらすかを論理的に考察するためには，経済学ほど役に立つ学問はない．経済学の目的の一つとは，インセンティブ（やる気）を導くルールの研究であり，そして，それが効率的資源配分をもたらすことを重要視している．やる気を導くとは，市場なら競争を促す，わかり易いルールであり，人材なら透明な評価が行われることである．効率的資源配分とは，無駄のない資源の活用であり，人材で言えば，適材適所である．日本はこれまで，中央集権的な制度の下で，市場には規制，人材には不透明な評価を導入して，やる気を削ってきた．行政は，2年毎に担当を変えて，不適な人材でも要職につけるという，無駄だらけのシステムであった．

　ボーダレス・エコノミーの時代に，他の国々が経済理論に基づいて政策運営をしているときに，日本だけが経済学を無視した政策をとるわけにはいかない．今こそ，広く正確な経済学の素養が求められているといって言い過ぎではない．

　経済は，金融，財の需給，雇用，教育，福祉などを含み，それが相互に関連しながら，複雑に変化する系である．その経済の動きを理解するには，経済学入門に始まり，ミクロ経済学で，一人一人の国民あるいは個々の企業の立場から積み上げてゆき，マクロ経済学で，国の経済を全体として捉える，日本経済学と国際経済学と国際金融論で世界の中での日本経済をみる，そして環境経済学で，経済が環境に与える影響も考慮するなど，様々な切り口で理解する必要がある．今後，経済学を身につけた人達の専門性が，嫌でも認められてゆく時代になるであろう．

　経済を統一的な観点から見つつ，全体が編集され，そして上記のように，個々の問題について執筆されている教科書を刊行することは必須といえる．しかも，時代と共に変化する経済を捉えるためにも，常に新しい経済のテキストが求められているのだ．

　この度，新世社から出版されるライブラリ経済学コア・テキスト＆最先端は，気鋭の経済学者によって書かれた初学者向けのテキスト・シリーズである．各分野での最適な若手執筆者を擁し，誰もが理解でき，興味をもてるように書かれている．教科書として，自習書として広く活用して頂くことを切に望む次第である．

西村　和雄

はじめに

ここに缶切りがあるとしよう

　これは経済学者の間ではよく知られている小話ですが，さまざまな偶然に導かれて本書を手に取ったあなたはもしかすると初めて聞く話かも知れません．次のような話です．

無人島に流れ着いた物理学者と化学者と経済学者が缶詰を見つけたが，缶切りがない．物理学者は「石をぶつけよう」，化学者は「たき火で破裂させよう」と提案，経済学者に意見を聞く．すると彼，「ここに缶切りがあるとしよう……」[1]

　関西の三人漫才ならば，経済学者は台詞が終わった瞬間あとの2人から頭を叩かれて終わるところですが，落ち着いて考えてみて下さい．缶詰に石をぶつけたりたき火で破裂させたりすれば，缶は開くかも知れません．でも中身を食べることができるでしょうか．そこで，経済学者のつぶやきの続きを勝手に想像してみましょう．

「ここに缶切りがあるとしよう．そうしたら缶詰はこのような原理で開くはずである．それならばこれくらいの固さとこれくらいの鋭さをもつ金属があればよいのではないか．」

とつぶやき終わった後，何らかの金属片を海岸で探し，岩で砥いで缶切りの代用品を作ったとしたら，経済学者は缶詰の中身にかなり近づくことになるでしょう（実際缶詰は一般にスプーンでも開けられることがわかっています）．このような小話の続きを作れば，経済学者の位置づけも三人漫才のボケ役から童話「三匹の

---

[1] 毎日新聞　2014年9月27日「余録」．この話はイギリスが発祥とされます．遅くとも1970年には創作されており，活字にもなっています（Boulding, Kenneth E. (1970), *Economics as a Science*, Bombay: Tata McGraw-Hill, p. 101）．

子豚」の末っ子のような賢者の存在に変わります（原作の小話ほどは笑えませんが）．

　一旦定まった仮定からの論理展開を正しく行わなければならないことは物理でも化学でも経済学でも同じです．元々の小話は普通の人にとって現実ではあり得ないと思われることが，経済理論ではときとして「仮定される」ことを揶揄したものです．しかし，このように一見「あり得そうにないもの」（＝無人島に落ちている缶切り）の役割が，「あってもおかしくないものから導けるもの」（＝海岸に落ちている金属片を岩で砥いでできるもの）によって果たされたら，それを出発点として正しい論理に従いつくられる理論は十分意味があると言えるのではないでしょうか．

中学3年生のときからうわさだけは

　この3学者の小話をきっかけとして，物理学，化学，経済学が私達にとってどれくらい身近な学問か考えてみましょう．たとえば「てことてんびん」は物理学の基礎，「ものの温度と体積」は化学の基礎ですが，無人島で1人で生活していても関連した現象に出会う機会はあるでしょう．小学校の理科の授業ではこれらの理論を教わり実験もします．てんびんにおもりをつるしたりものを温めたり冷やしたりすることを通じて，小学生は理論の成立を感じ取ることができます．

　これに対して，経済学，特にミクロ経済学では「需要と供給」が基礎になるため無人島で実際の現象に出会うことは望めません[2]．小学生が普通に生活していても目にする商品の価格は既に決まっています．理論は中学3年生の社会の公民ではじめて教わりますが，もちろん実験は行われません．じっさい公民の教科書[3]には「需要曲線」と「供給曲線」の交点で「均衡価格」が決まることがグラフで示され，以下のような解説と問題がついています．

---

[2] マクロ経済学では，初期資源と生産技術が与えられている無人島での1人の経済はロビンソンクルーソー経済と呼ばれ，理論の基本モデルに用いられていることをご存知の読者もおられることでしょう．
[3] 佐藤幸治・五百旗頭真・橋本介三他（2011）『中学社会　公民的分野』日本文教出版, pp. 128-129.

はじめに

　学習課題　ものの価格は，どのようにして決まるのだろう．

　需要量と供給量がつり合い，売手も買手も希望通りの取り引きが実行できる価格を均衡価格といいます．市場で売買されている商品の価格（市場価格）が均衡価格より低ければ，買手が買い入れを競争し合って市場価格がしだいに上がるでしょう．逆に，市場価格が均衡価格より高ければ，売手は販売を競争し合って価格を下げるでしょう．売手と買手の競争は，この均衡価格をさぐりあてるのに役立つと考えられます．

　学習課題を確かめよう　台風や冷夏，猛暑などの原因別に，価格が影響を受ける商品をそれぞれ考えてみよう．

　中学3年生はここまで理論を学びます．でも，売手と買手はどんなルールに従い何を求めて競争するのか，この競争を通じて本当に均衡価格を「さぐりあてる」ことができるのか，天候の変化等により市場の商品の量が突然変化しても新しい均衡価格を「さぐりあてる」ことができるのか，を学ぶためには，高校の現代社会・政治経済の授業ではなく，大学での経済学の講義まで待たなければなりません[4]．ここまで待たされた若者たちが大学で「需要と供給」の理論を学ぶだけでなく，中学3年のときからうわさだけは聞いていた均衡価格の「さぐりあい」，そして「めぐりあい」を実験を通じて体験できれば，大学生は小学生と変わらぬ気持ちで理論の成立を肌で感じるでしょう．そうすれば，経済学は将来現役の大学生にとってはリアルタイムで，ひいてはそのような授業を受けて卒業した社会人にとっては記憶に残り，より身近な学問になることが期待できるのではないでしょうか．

君にも見える均衡価格

　大学の経済学の授業で「市場における需要と供給の出会い」は，完全競争という名称で講義されます．ミクロ経済学における完全競争市場の理論体系は，英語における現在形の文法体系のように，すべての基礎をなすものでそのままでも興

---
[4] 高校の政治経済で均衡価格は「価格の自動調節作用」により達成されると教えられます．

味深いのですが，さまざまな方向に発展させて面白さと大切さがより深く理解できます．そして英語の場合は，教わったときに日本語から考えて「あり得そうにないもの」（たとえばbe動詞が主語によって変わったり，主語が三人称単数のときに限り動詞にsがついたりすること）と感じたことも英語を話す人との会話で確かめられますし，たどたどしくても知っている単語と文法を用いることで意思疎通の「さぐりあい」そして通じる瞬間の「めぐりあい」を体験することができます．教わったことを納得して受け入れる機会は手の届く範囲にあると言えるでしょう．

　それに対して，完全競争市場の理論体系は，大学生がそれまで生きてきた人生から考えて「あり得そうにないもの」，すべての商品の価格は売手にも買手にも外から与えられるものでなんぴとも動かすことはできないという仮定を受け入れることからはじまります．かくいう自分自身も「完全競争市場という市場は理論上そういうものなのだ」と学生の立場で受け入れてから30余年，教員の立場で言い続けて20余年になります．その仮定のもとで経済学のいろいろな命題が導かれます．中でも完全競争市場で成立する均衡価格のもとでは取引数量が「パレート最適」である（または「総余剰を最大化」する）という特徴があることが説明されます[5]．ここではじめて，需要と供給の一致で決まる取引数量は，他の数量とは違って，ある基準で望ましいものであるという評価がなされます．授業はこのあと高校の政治経済でも教えられる市場の失敗へと進み，需要と供給の一致で決まる取引数量がパレート最適にはならない現象や，需要と供給が一致する均衡価格が設定できない現象が説明されます．つまり「失敗」の基準がパレート最適でない（または総余剰を最大化しない）ことと正式に定まり，理論体系の完成度は高校に比べて格段に上がります．ですが，ほとんどの大学の授業では均衡価格の「さぐりあい」と「めぐりあい」を体験する機会はありません（実際の鮮魚や青果のせりを見学できる卸売市場はありますが，素人が参加して実物を売り買いすることはできません．無理に割って入ったら追い出されるでしょう）．

---

5 「パレート最適」と「総余剰を最大化」の意味は第1章でくわしく説明します．「はじめに」の文章はこれらの言葉を聞きなれない方にもわかるように書いていますので，とりあえず「経済全体にとってよいことなのだ」という認識で読み進んで下されば幸いです．

このような状況を改善し，学部生，大学院生，そして教員が，授業，演習，あるいは研究論文作成のために「需要と供給」の経済実験を行えるように本書は書かれました．この本の中では，有形無形のものを含め実験の出発点は決して特殊な状況ではなく，参加者には模擬の商品と貨幣が配布され，価格と取引数量は売手役の参加者も買手役の参加者も設定は自由です．そして，実験にパソコンなどの機械は必要とせず，参加者への説明の時間を含めても90分以内で終えられるようにしました．この本に紹介されている実験に伴う参加者の負担はかなり軽いと思います．なので，この本にしたがって行われる実験は，参加者はぶっつけ本番で均衡価格の「さぐりあい」と「めぐりあい」を体験することが十分期待できるのです．

その一方で，実験を設計し実施しデータを集計する実験者の負担は決して軽くありません．本書は読者のみなさんが市場の需要と供給の理論を理解した上でその理論を実験で確かめられるようになり，他者の実験でも同じ方法による実験であればその様子を想像しながら結果を吟味できるようになるレベルに達することをイメージして書きました．たとえで言えば，ラーメンを作るのに材料を選んでスープの仕込みを行い，粉を選んで麺を打ち，最後まで調理ができるだけでなく，他人のラーメンを食べてスープと麺がどのように作られたかが大体わかるようになるレベルです．つまり素人のレベルではありません．そこに達するためには，実際の現場に立つことが第一ですが，日本でそのような実験経済学の修行の場は限られています．そこで，若い人が数人でグループを組み，経済学（必ずしも実験経済学でなくてよい）の教員の指導の下でこの本を読みながらいろいろな作業を分業することで実験を行うこともできるよう考慮して書いています．

本書が「需要と供給」の経済実験を行いたいと思う人たちの少しでも役に立ち，参加者の立場でも実験者の立場でもこの実験を通じて，均衡価格の「さぐりあい」と「めぐりあい」を体験する人たちがこれから増え，経済学をより身近に感じてくれればと願っています．

本書の構成

本書の章立ては以下の通りです．

序　章　なぜ「理論ある実験」か
第1章　完全競争の基礎理論：経済実験の原点
第2章　完全競争の部分均衡
第3章　ダブルオークションによる実験
第4章　経済モデルと実験結果
第5章　ダブルオークションによる再実験
第6章　外部性：完全競争市場の中で
第7章　外部性：調整過程とピグー税
第8章　外部性：コースの定理とその向う側
終　章　経済実験を教育現場へ

本書は実験経済学の入門書です．しかし，本を自己完結的なものにするために，需要と供給の理論の概要を書きました．序章は私達の身近にある経済からその理論の経済の世界に入っていくためのトンネルです．トンネルの向こうの第1, 2章は完全競争市場の決まりごとと八百万の神々のような理論モデルで埋め尽くされた不思議の街です．ここでのモデルは普通の実験経済学の教科書のものよりはかなり重く，ミクロ経済学の教科書のものに比べると「くせ」があります．ミクロ経済学の理論の中から，需要と供給の実験に関わるものだけを取り出し，実験のモデルを作りやすいような関数だけを選んだからです．需要と供給の実験をデザインするためにはなるべく簡単なモデルを作る必要があり，第1, 2章ではそのためのモデルの切り出し方も書きました．切り出されたモデルが簡単であることは必ずしもモデルを切り出す作業が簡単であることを意味しないので，第1, 2章の論理展開はやや難しくなっています．実験に向けての大切な理論の仕込みなので読んで頂きたいところですが，理論にまだ不慣れな方のために「とばし読み」の仕方も書きました．

第3章では，モデルを使ってどのように実験を行うのか（どのようなマニュアルを用意すればよいか，参加者としてどのような人を何人くらい集めるのか，小

道具は何を準備すればよいかなど）を書きました．実験で用いられる市場取引方式はダブルオークションと呼ばれ，本書で主役を演じます．第4章では，モデルのデザインの方法と実験時の情報のコントロールの方法を含め，実験の直前までの準備のあり方を書きました．ですが，実験には失敗がつきものです．折角の周到な準備にもかかわらず，本番のダブルオークションは失敗してしまいました．どこをどう失敗したのか，その原因は何だったのかを探ります．第5章では，失敗した実験をどのようにやり直すかを書きました．失敗したからと言って同じ実験を同じ参加者を使って行うことは学習の効果が入り込むので禁じ手です．同じ参加者が1人でもいてなお同じ理論を確かめるためには，本質は同じで見かけは違う実験をデザインし，実験をやり直す必要がありますので，その方法も書きました．また，ダブルオークションを用いると「需要と供給」の図解で表現できないような経済のモデルの実験も可能になります．このようなモデルとして価格の自動調節作用が機能せず均衡価格への収束が理論的には起こらないものをわざと選んだ実験についても，結果だけを書きました．

第6章では，市場の失敗の例として，外部性を取り上げました．外部性が存在する経済では，需要と供給の一致による均衡価格は一般にパレート最適を達成しないことが説明され，市場の失敗の意味が明確にされます．第7章では，外部性が存在する経済で均衡価格が成立する過程と「ピグー税」という税で補正された均衡価格についての理論を説明しました．外部性が存在すると完全競争市場での均衡価格の成立は妨げられないがパレート最適ではなく，それに対してピグー税で補正された均衡価格はパレート最適を達成できるが完全競争市場での成立は期待できないことを書きました．第8章では，その結果を受け，「コースの定理」を考えてみました．そこではダブルオークションの取引方法がこの定理で前提とされる「取引費用がなく所有権が完全に付与された状態での交渉」に相当するのではないかという観点に立ち，外部性が存在するダブルオークションの既刊論文のデータを検討しています．これは筆者が行った実験ではないのですが，それまでに紹介した筆者による実験の結果と照らし合わせるとデータは納得できるものであることが理由を付して説明されます．

終章は，読者の中でも特に教員のみなさんに向けて書きました．当初は執筆を

予定していなかったのですが，2015年の大学入試センター試験の現代社会と政治経済の問題を見て書くことに決めました．イイタイコトはこの「はじめに」で書いたことと同じです．ですが，「需要と供給」の理論を使って実際の市場メカニズムの基礎と応用に関する問題を考えることが，大学入学前の若者にすでに求められていることを，センター試験という証拠を挙げて伝えているところが決定的に違います．出題者の方々がどなたなのか全く知る由もありませんが，彼ら彼女らは私たち日本の大学の研究と教育に関わる者たちの代表としてセンター試験を通じ，「需要と供給」の理論の大切さを全国の高校生およびその教育に携わる人たちに伝えました．大学の経済学の教員である私たちはこの事実を「聞いていない」ではすまされないのではないでしょうか．

2015年5月

下村　研一

目　次

序　章　なぜ「理論ある実験」か　　　*1*

1　完全競争の基礎理論：経済実験の原点　　　*5*

1.1　完全競争市場とは ——————————————— *7*
1.2　部分均衡モデルと余剰分析：展望と基本概念 ————— *11*
1.3　部分均衡モデルと余剰分析：2財モデルの構築 ———— *13*
　　準線形効用関数と総支払用意関数（14）　生産関数と費用関数（15）　総余剰関数（16）　パレート最適と総余剰最大化（19）
附録　一般均衡モデルの中での部分均衡モデル（市場開始前）——— *21*
　　選好・効用関数・準線形効用関数（21）　技術・生産関数・費用関数（26）

2　完全競争の部分均衡　　　*31*

2.1　資産，市場，価格 —————————————— *31*
2.2　価格決定のしくみ —————————————— *33*
2.3　完全競争均衡 ———————————————— *39*
附録　一般均衡モデルの中での部分均衡モデル（市場開始後）——— *44*
　　供給関数（44）　需要関数（47）

3　ダブルオークションによる実験　　　*52*

3.1　「神の見えざる手」をめぐって —————————— *52*
3.2　ダブルオークションの解説 ——————————— *54*
3.3　実験の手順 ————————————————— *56*
3.4　実験経済学を生んだ2つの実験 —————————— *62*
附録　インストラクションと記録用紙 ————————— *66*

4 経済モデルと実験結果　74

- 4.1 実験の背景 ── 74
  基礎条件（74）　情報構造（79）
- 4.2 結果発表 ── 80
- 4.3 実験のおきて ── 83

5 ダブルオークションによる再実験　89

- 5.1 実験の改造：スケーリング ── 89
  実験は失敗する（89）　実験はやり直せる（90）
- 5.2 再実験の結果発表 ── 99
- 5.3 部分均衡モデルを少し越えて ── 101

6 外部性：完全競争市場の中で　108

- 6.1 村のおきて ── 108
- 6.2 悪影響と好影響 ── 110
- 6.3 外部性とは ── 112
- 6.4 外部性経済の競争均衡：非課税の場合 ── 116
  外部性経済における経済主体の行動と市場のワルラス法則（116）　完全競争均衡とパレート最適（118）

7 外部性：調整過程とピグー税　122

- 7.1 マラソンと相撲 ── 122
- 7.2 企業間の外部性 ── 123
- 7.3 外部性経済の競争均衡の安定性 ── 125
- 7.4 ピグー税によるパレート最適達成 ── 129
- 附録　ポイント1, 2, 3, 4の証明 ── 132

8　外部性：コースの定理とその向う側　　135

- 8.1　定理の鉄人 ─── 135
- 8.2　コースの定理とピグー税 ─── 136
- 8.3　実験結果の紹介 ─── 142
- 8.4　おわりに ─── 144

終　章　経済実験を教育現場に　　147

索　引 ─── 153
おわりに ─── 157

序章
なぜ「理論ある実験」か

「"けいざい"ってなに？」

とテレビを見ていた小さな子どもから聞かれたとしよう．何と答えようか．たとえば，次のような内容を話したらどうだろう．

「着ているモノも食べるモノも家の中にあるモノもほとんど自分では作れないね．だからおカネで買っているんだよ．モノを作った人ももらったおカネで，自分では作れないモノを買うんだよ．人はみんなこうやって生きているんだよ．このような世の中のしくみが"けいざい"だよ．」

これは筆者自身が"けいざい"を生まれて最初に認識した経験に基づいた回答である．幼少時買い物に連れられて行ったとき，大人がおカネを払わなければモノは買えないということはいつの間にか知っていた（これはどこの子どもでも同じであるようで，お店で大人に「かってえ，かってえ」と駄々をこねる子はときどき見るが，大人の制止を振り切ってまでモノを持ちだそうとする子はめったに見ない）．しかし，モノを買った後に買った人はともかく，なぜ売ったお店の人が「ありがとうございました」というのか理由がわからなかった．お店の人はもらったおカネで自分のお店にないいろいろなモノを買えるからだと納得するまでにはしばらくかかった．

持っているおカネからモノを買い，売った人も買った人もお互いに感謝す

る．つまり，人々は常に予算制約（支払う金額は持っている金額を超えないという約束）に服しつつ自己の便益，結果として相互の便益を高めるため交換を行い，その交換を円滑に行うための一般的交換手段（十分な量があれば引き換えに誰もがどのようなモノとの交換にも応じるモノ）としての貨幣（カネ）が普通の商品（モノ）とは区別されて存在する．ミクロ経済学の本で「生産者の予算制約」や「一般的交換手段としての貨幣」はまず登場しないし，登場したとしても上級者向けの本の後半部分にしか出てこない．

しかし，経済の実験では両方とも用いられる．いや用いなければ実験が難しくなるのである（実際の「けいざい」がそうであるように）．この本では，まずミクロ経済学の理論を説明しその後に実験の説明を付すことによって，実際の経済で理論に取り入れられたものが何であるかと同時に切り捨てざるを得なかったものとして何があったか，そして実験を行うと理論では見えないどんなものが見えてくるのかを考えていきたい．

また商品にはそれぞれ独自の市場がある．いくつかの要因が異なれば，形成される市場の「競争形態」と成果は全く異なる．「競争形態」の例として，市場そのものの競争と産業の競争を形容する言葉を混ぜ合わせて言うと，青果市場や魚市場の「せり」，コンピューター産業やある種の食品産業における「1人勝ち」，料理店や美容室による「差別化競争」などがある．

「競争形態」とは市場参加者の行動原理と考えてよい．後から出てくる用語を先取りして最も大きく分類すれば，「完全競争」か「不完全競争」か，ということである．取引する商品群に関する「特性」（それぞれの商品は公共性や耐久性があるかないか，目的が同じ商品同士で品質は異質か同質かなど）と「市場情報（知識）量」と「参加者数」という要因に左右され，市場には，行動が非戦略的（市場のみが眼中，他の参加者の個別行動は意識しない）である者と戦略的（他の参加者の個別行動を，独自の行動も自分の行動に対する反応としての行動も含め，また対立も協調も含め，常に意識する）である者が出現する．

従来の経済学ではもっぱらさまざまな産業を市場参加者（特に売手）が非

戦略的であるものと戦略的であるものとに二分してきた．しかし実際は先に述べた3要素（あるいはそれ以上）が総合的に参加者の行動を決定しており，衣・食・住・サービスの産業を検討すると，同じ産業でも参加者の行動のパターンが混在していることがある．それは，最終的に個別参加者の取引の大きさや便益の差を生み出している．

　本書で取り上げる主要な競争形態は，完全競争である．簡単に言えば「需要と供給」で価格と取引量が決まる市場競争である．これは競争形態の基本としてミクロ経済学の理論はもちろんのこと，高校の政治経済でも教えられる．実験経済学でも同じで，完全競争は市場実験の基本モデルとして確立している．そして，完全競争の実験を設定したり実施したりする中で，完全競争の本質が何なのかが少しずつ明らかになる．経済の実験室において

　「どのようなモデルを組み，どのようなルールを定め，どのような情報を与えれば，完全競争市場が発生するか」

という実験は，生命科学の実験室において「どのような遺伝子を加えたらiPS細胞が生成できるか」という問題意識と相通ずるところがある．さらに

　「どのようにルールを変えれば，あるいはどのような情報を追加的に与えれば完全競争市場は発生しないのか，代わりに何が発生するのか」

をまず理論により予測し，実験で確かめることも可能である．

　このように書けば，完全競争の実験を基本にいろいろなパターンによる市場実験が可能で次々と研究成果が生まれるかのように思われるかもしれないが，実験経済学はそれほど甘いものではない．このことも本書で伝えたい．

第1章
完全競争の基礎理論
：経済実験の原点

　「理論なき計測（Measurement without Theory）」という言葉は理論経済学者かつ計量経済学者であり，両方の立場で大きな仕事を残したチャリング・クープマンス（米，1975年ノーベル経済学賞受賞）が同名の論文 [Koopmans (1947)] を発表して有名になった（ジェームズ・ディーン主演の映画「理由なき反抗（Rebel without a Cause）」(1955) の8年前に発表されている）．

　「理論なき計測」が意味を持たないのは計量経済学だけでなく実験経済学でも同じである．経済学をある程度学んだ人たちを対象に尋ねれば，「完全競争市場の理論」ほど精緻化された理論はなく，その中の命題について実験を行えば「理論ある計測」であることに異議を唱える者はいないであろう．しかし「理論なき計測」が意味を持たなくても，必ずしも「理論ある計測」がすべて意味を持つとは限らない（読者はこの論理は大丈夫と信じる）．「なに」の理論を「どのように」実験するかという2つのポイントが両方揃う必要がある．

　実際，実験経済学研究者の「完全競争市場の理論」の実験，特に複数財市場のケース，への関心はさほど強くない．理由としてはまず「理論の完成度が極めて高いのだから実験する必要はないから」という実験をするものが特に「なに」もないという声がある．また「複数財多人数の実験は金も時間もかかるから」という実験を「どのように」すれば効率的にできるか保証でき

ないという声もある．つまり，実験により完全競争市場の「理論ある計測」を行おうとしても，何の理論を実験すればよいかわからないこと，理論の上で想定される理想状況は完全には設定できないこと，さらに理想状態に近づけようとすればそれだけコストがかかることから，実験はどうしても他の経済学のテーマに流れる傾向が出てくる．

だが，それぞれの声に対しては「完全競争の理論はさまざまな状況下での需要と供給の一致が前提となっているが実験で確認されていない状況はまだいくつもある」，「理論において仮定されている重要な部分を，実験ではそのいくつかを切り落とすことで市場現象を見ることができる」，「実験のデザイン（特に情報の与え方）に配慮すれば5, 6人の被験者でも完全競争に極めて近い状態が生じるので謝金は抑えられる．教育が目的ならば受講生に謝金は払う必要もなく，概して受講生はただでも熱心に実験に参加する．さらにコンピューターを使えば一定量のデータを2, 3時間で取れる」と答えたい．これらの根拠は一部の研究者たちの実績に加えて，実際筆者がやってみた経験に基づく．

また理論において完全競争市場における均衡の達成は，後ほど説明する"競売人（auctioneer）"の存在を「仮定」するか，市場参加者が均衡を選ぶこと自体を「仮定」するかのいずれにより保証される．しかし，コンピューター実験（設備がないときは，紙とペン，あるいは黒板とチョーク）による模擬市場では，被験者が思い思いの「売りたい」あるいは「買いたい」価格と数量をネット上で（設備がないときは，紙や黒板に書いて）他の参加者全員に呼びかけ，合意が成立した組から順次取引が行われる．なお，買ったものを他人に売る転売も許す．これが，**ダブルオークション**（double auction）である．この場合「一物一価」，つまり同じ種類で同じ品質の商品は単価が同じになる現象は，取引を通じて徐々に達成されてゆく．この様子を（ときには達成されない様子も）実験ではリアルタイムで観察することが可能である．

それでは，このような市場の機能は理論上どのように説明されるのであろ

うか．均衡理論の祖と言われるレオン・ワルラス（仏）は『純粋経済学要論』[Walras (1874)]において，このダブルオークションが行き着いた先の状態を表現するため，一物一価を前提とした「完全競争市場」というモデルを理念型として提示した．その概要を説明しよう．

1.1　完全競争市場とは

まずは「ある商品群が取引されている市場は完全競争（perfect competition）である」ということの理論的定義づけを緩いと思われる条件から挙げ，かつ実験で設定する状況と比較してみよう．

> **条件1.** 普遍性（universality）：すべての商品の所有権は，購入する側が対価を支払い販売する側が対価を受け取ることで，そしてそのときに限り，販売する側から購入する側に移行する．

つまり「いかなる商品も買う人がどのような人であれ，お金さえ払ってくれれば商品は売られていく．また売る人がどのような人であれ，お金さえ払えば商品を買うことができる」という簡単に言って差別や手続きを排除する条件である．さらに贈与や略奪をも排除する条件になっている．これは競争形態には依存せず「市場」と呼ばれる以上理想状態において満たされる条件であろう．

実験の場合は，ただ一点「早い者勝ち（first-come first-serve）」という条件が加わり，同じ対価を支払う用意がある者たちの購入希望量が販売されている量より少ない商品は一瞬でも早く手をつけた者が購入する権利を獲得する．つまり純粋な普遍性は満たされなくなる（だが実際の市場にはより近くなる）．理論では，この競合するケースを「購入量と販売量が一致するまで競売人により価格が調整され，それまで取引は行われない」という仮定によ

り排除している．

> **条件 2.** 取引自由（no transaction cost）：取引に障害はない（時間もかからない）．

つまり，販売者の手を離れたとき同じ商品でありながら，途中「商品の人生」にもいろいろあるから，購入した人によって同じ名目の商品で品質が異なることもあるが，それはないことにしようという条件である．これも通常は競争形態には依存せず「市場」である以上理想状態では満たされる条件であるとされる．例外として都市経済学の分析対象である輸送費用（transportation cost）を入れた市場などが存在する．なお，この取引自由の条件は実験では比較的簡単に設定できる．

> **条件 3.** 完全情報（perfect information）：すべての個人は，自身の特性（資産・選好・技術[1]）および対象の商品の品質や市場価格（時価）について完全な情報を持っている．

つまり，人々は以下の事項をすべて正確に知っているのである：「市場の商品はそれぞれどのような特徴があり，今いくらなのか」，「商品の中には労働や家屋も入っているので，それにより各自の資産価値まで含めた所得が今いくらなのか」，「対象とされる市場の商品について自分はどのような評価をするか（新発売の食べ物でも自分にとってどのくらい美味しいものか，あるいはからだに良いのか）」，「もしその中である商品の製造が可能ならば，どのような投入物をどれだけ投入すればその商品をどれだけ生産できるか」．これは考えれば考えるほどきつい要請であり，これはいかなる意味での「不確

---

[1] 選好，技術をどのように表現するかは本章の附録で，資産については次章で説明する．

実性」でもそれが存在する市場では満たされない（しかし，不確実性さえ存在しなければ，この条件も競争形態にかかわらず「市場」の条件として要請される）．通常の実験においては，商品の種類を少なくするなどして必ずこの条件が満たされるように実験を設定する．（読者の皆さんはどう思われるだろうか？）

> **条件 4.** 価格受容行動（price taking behavior）：すべての個人が対象の商品について価格受容者（price taker）である．

四番打者の登場である．この条件こそが完全競争市場を不完全競争市場から明確に区別する条件である．価格受容行動とは，商品の価格をそのまま受け入れるということであり，高く売りつけたり安く買いたたいたりすることを一切行わないということである．理論上この条件は，「商品の価格はあたかも競売人という取引とは一切利害関係のない第三者によって，同じ種類の商品のすべてに対して同じ価格が外生的に与えられる」という設定と，条件1の説明で触れた「購入量と販売量が一致するまで競売人により価格が調整され，それまで取引は行われない」という設定により説明される．したがって一物一価は最初から保証される．これは，思い思いの売値と買値が自分でつけられるダブルオークションの実験において最後に一物一価になるかはやってみなければわからないので，実験で設定することはできない．

それならば，ユークリッド幾何学においてそういう発想が起きたように，「この条件が最初の3つの条件から導けないか」と考える読者もおられよう．ところが条件1, 2, 3を読むと，輸送費用も不確実性も存在しない独占・寡占市場のように，最初の3つの条件を満たしながら価格支配力を有する企業が存在するケースがあるので，このままでは条件4は含意されない．そこで発想を変え，最初の3つの条件に別な条件を加えて条件4を導くことを考えてみよう．考えられるのは次の条件である．

> **条件 4′.** 多くの参加者（many participants）：市場への参加者の数が十分多い．

何らかの形で時価が存在するとしよう．売手が多い状況ならば，ある売手が時価より高い価格で売りつけようとすれば別な売手が少し安い価格で買手をさらっていく．買手が多い状況ならば，ある買手が時価より安い価格で買おうと売手と交渉すれば別な買手が少し高い価格で商品を買っていく．よって条件 4′ が売手も買手も多くて満たされれば，条件 1, 2, 3 を加えて条件 4 は導けそうだ．果たしてそうなのか．厳密な答えは No である．

たとえば，寡占（oligopoly）の状況においては，企業の数がいくら多くても，それが有限である限り（無限の場合は排除する），「寡」という言葉には矛盾するが，理論の上では多少でも価格支配力を持つ企業が存在することは考えられるので「寡占」という．確かに「競争」の度合いは激しくなるが，少なくとも「完全」競争ではないのである．近似的な意味での完全競争を許して，条件 4′ を条件 4 の代わりに置くという考え方も実際はある．しかし，ここではその考え方はとらないこととする（つまり四番打者の代わりはいないと考える）．

なお上の 4 つに加えてさらに次の条件を課すこともある．

> **条件 5.** 自由参入自由退出（free entry and free exit）：市場へは外部から参入して取引を行うことも外部へ退出して取引をやめることも可能である．

規制のない市場は「来るものは拒まず．去るものは追わず」である．しかしここではこの条件は，企業が生産設備を建て直せるくらいの長期的な市場を考えるときのみ採用したい．なので，以後特に断りのない限り，市場の参加者数は一定だと思っていただきたい．

1.2* 部分均衡モデルと余剰分析
：展望と基本概念

　レオン・ワルラスが『純粋経済学要論』において構築したものは，多種類の商品市場の相互依存関係を表現した一般均衡モデル（general equilibrium model）であった．つまり原油の供給量の減少は原油の価格を上昇させ，原油の価格の上昇は漁獲量を減少させ，漁獲量の減少は魚の価格を高騰させ，魚の価格の高騰は寿司の供給を減少させ消費者の肉類の需要を増加させるであろうということを，関数と連立方程式体系で示したのである．その出版から十数年後，アルフレッド・マーシャル（英）は『経済学原理』[Marshall (1890)] において他の商品に関する諸条件を一切不変と仮定して，分析の対象をただ一種類の商品の市場に絞り込む部分均衡モデル（partial equilibrium model）を提示した．市場均衡が総需要曲線と総供給曲線の交点で決定されると彼が説明するために用いた×の図は「マーシャルのはさみ（Marshall's scissors，第2章図2.1参照）」として有名である[2]．

　一般均衡モデルでは先の原油の例で見たように生産の背後にある生産要素と生産物の関係や商品間の代替と補完の関係を含む3財以上の商品の取引を表現するのに対し，部分均衡モデルは分析の対象である1つの商品の取引とそれに派生して行われるニュメレール（numeraire，価格が常に1の財．しばしば「貨幣」とも呼ばれるが，消費財かつ生産要素なので実際は労働（余暇）と解釈する方が適当である）の取引のみを取り扱う．つまり，部分均衡モデルは，一般均衡モデルから，分析の対象である商品の取引，その裏でそれぞれ行われるニュメレールの取引を切り出してきた2財モデルであると言

---

* 本節と附録（pp.21-29）は，理論の抽象度がやや高い．不慣れな読者はスキップしてもよい．
2 大学入試センター試験でもこの図を使った問題がときどき出題される．「マーシャルのはさみ」は120年経っても，大学ばかりでなく高校でも動いている（終章参照）．

える（詳細は本章の附録を参照）．

　これからしばらくは経済実験で用いられる部分均衡モデルについてまず考えていこう．「理論ある計測」を目指して，今後論じていくことを，理論→実験の順に要約する．詳しい説明は，次章以降で行う．

1. **一般均衡から部分均衡へ**：一般均衡モデルは効用関数（あるいは選好関係）と生産関数（あるいは生産集合）と初期資源配分（あるいは個別賦存量と企業利潤請求権のリストからなる資産目録）から出発する．一方，部分均衡モデルの出発点となる分析用具はある1つの商品市場の総支払用意関数あるいは逆需要関数（限界支払用意関数）のいずれかと費用関数である．ここで，逆需要関数は一般均衡モデルで導かれる需要関数の逆関数ではなく，費用関数も複数の生産要素の投入量を可変とした費用最小化問題から導かれるものではないことをあらかじめ注意する．

2. **総余剰関数**：部分均衡モデルで社会厚生は，全家計の消費者余剰の総和と全企業の利潤の総和との合計で測る．これは総余剰と呼ばれ，各家計の効用関数がすべて準線形でかつニュメレールの限界効用が1の経済において全家計の効用の総和となる．各家計の効用関数がすべて準線形ではあるがニュメレールの限界効用がさまざまである経済において，総余剰関数は全家計の効用関数に加重としてニュメレールの限界効用の逆数をかけた値の総和となる．

3. **パレート最適と総余剰最大化**：各家計の効用関数がすべて準線形ならば，パレート最適はこの効用の加重和の最大化を意味する．よって，部分均衡モデルではパレート最適と総余剰最大化は同一視される．このとき，家計間へのニュメレールの配分には自由度があるが，分析の対象となる商品がいかに各経済主体に配分されるかは，ほとんどのモデルでは価格が一意に定まるので，同じく一意に決まる．

4. **部分均衡モデルの完全競争均衡**：部分均衡モデルにおいて，分析の対象となる商品市場が完全競争ならば，均衡で達成されるその商品の配分は

総余剰を最大化する解と一致する．つまり，完全競争配分はパレート最適である（厚生経済学の基本定理）．
5．交換部分均衡モデルのダブルオークション：完全競争という理想状態による予測はダブルオークションの帰結と一致するのか．もしそうならば，ダブルオークションという取引の形態は完全競争均衡，つまりパレート最適を達成することになる．もしそうでなければ，ほぼ実験経済学の歴史と同じ年月で蓄積されてきたダブルオークションによる完全競争均衡の膨大な研究が疑わしいことになる．ここでは生産を含まない交換経済で行ったダブルオークションの実験を紹介する．

1.3 部分均衡モデルと余剰分析：2財モデルの構築

　ワルラスが構築した一般均衡モデルは，ジョン・ヒックス（英）の『価値と資本』[Hicks (1939)] とポール・サムエルソン（米）の『経済分析の基礎』[Samuelson (1947)] により，家計と企業の行動原理や市場価格の動学的調整過程の理論などがより精緻化された．さらに，ケネス・アロウ，ジェラルド・ドゥブリュー，ライオネル・マッケンジー [Arrow & Debreu (1954), Debreu (1959), McKenzie (1954, 1959)] らにより，一般均衡モデルによる完全競争均衡の価格体系の存在問題が解決された．つまり，商品が何種類あってもそれらすべての商品の市場が均衡するような商品の価格の組合せが存在するための一般均衡モデルの仮定を示したのである．彼らが表現したワルラスの一般均衡モデルは私的所有経済（private ownership economy）と呼ばれ，今日に至るまでミクロ経済学の基礎となっている．現在使われているミクロ経済学のさまざまなモデルは，公共経済学や国際経済学で用いられているモデルも含めて，一般均衡モデルの特殊ケースと見なすことができる．

　そして，マーシャルが構築した部分均衡モデルも一般均衡モデルの特殊ケ

ースである．どのような意味で特殊ケースかと言えば，「商品の市場の需要も供給もその商品の価格だけが変数である」という点と「価格が動く範囲はすべての家計の需要関数に所得効果があらわれない範囲である」という点である．この２点の性質が満たされるには「効用関数の準線形性」という仮定と「X とニュメレール以外の商品に関する数量はすべて不変」という設定を導入する必要がある．以下は価格が登場する前の部分均衡モデルの基本的な解説である．より詳しい解説は本章の附録で行う．

[1] 準線形効用関数と総支払用意関数

　任意の家計 i が商品 X を x_i 単位，商品 Y を y_i 単位，商品 L を ℓ_i 単位消費する消費行動を非負の３次元ベクトル (x_i, y_i, ℓ_i) で表す[3]．任意の２つの消費行動 (x_i, y_i, ℓ_i) と (x'_i, y'_i, ℓ'_i) に対して「(x_i, y_i, ℓ_i) は (x'_i, y'_i, ℓ'_i) より好ましいか無差別である（少なくとも同程度に好ましい）」と判断することが，ある決まった３次元の非負象限上で定義された実数値関数 U^i により，「$U^i(x_i, y_i, \ell_i) \geq U^i(x'_i, y'_i, \ell'_i)$」と表されるとき，関数 U^i は家計 i の**効用関数**（utility function），これらの値 $U^i(x_i, y_i, \ell_i)$，$U^i(x'_i, y'_i, \ell'_i)$ は家計 i の**効用**（utility）と呼ばれる．以降は U^i の関数形が

$$U^i(x_i, y_i, \ell_i) = u^i(x_i, y_i) + \lambda_i \ell_i, \quad \lambda_i > 0$$

である場合に限定する．家計ごとに関数 u^i も係数 λ_i も異なって構わないが，U^i の ℓ_i に関する偏導関数の値は常に $\dfrac{\partial U^i}{\partial \ell_i (x_i, y_i, \ell_i)} = \lambda_i$ と (x_i, y_i, ℓ_i) にかかわらず一定とする．このような効用関数 U^i は**準線形**（quasi-linear），または ℓ_i に関して**線形**（linear）であると言う．ここで財 Y の消費を $y_i = \overline{y}_i$ に固定し，この関数 U^i を λ_i で割ると

---

[3] 以下の議論は，「商品 Y」を商品群 Y，「y_i 単位」を多次元ベクトル y_i としても成り立つ．

$$\frac{U^i(x_i,\bar{y}_i,\ell_i)}{\lambda_i} = \frac{u^i(x_i,\bar{y}_i)}{\lambda_i} + \ell_i$$

が得られる．ここで $\bar{y}_i$ が定数であることから x_i だけが変数である関数 w_i を

$$w_i(x_i) = \frac{u^i(x_i,\bar{y}_i)}{\lambda_i}$$

で定義すると，$\dfrac{U^i(x_i,\bar{y}_i,\ell_i)}{\lambda_i}$ は，(x_i,ℓ_i) を変数とする関数 W^i：

$$W^i(x_i,\ell_i) = w_i(x_i) + \ell_i$$

の値として考え直すことができる．関数 w_i は家計 i の X に対する**総支払用意関数**（total WTP function，WTP は Willingness to Pay の略），数値 $w_i(x_i) - w_i(0)$ は家計 i の X に対する**総支払用意**（total WTP）と呼ばれる．解釈は「家計 i にとって x_i 単位の財 X の消費による効用の増分と引き換えに失ってもよいニュメレールの量を測る関数」である．以上の議論は，もともとの効用関数 U^i が準線形である限り，X 以外の財が何種類あっても，それらの消費量が固定されている限り同様に行える（L の消費に対する効用だけが消費量の足し算で表せることが効いている）．また家計 i の総支払用意関数 w_i の導関数 w'_i は家計 i の X に対する**限界支払用意関数**（marginal WTP function），その値 $w'_i(x_i)$ は家計 i の X に対する**限界支払用意**（marginal WTP）と呼ばれる．

[2] 生産関数と費用関数

企業 j の**技術**（technology）は「k_j 単位の財 K と ℓ_j 単位の財 L を投入すれば最大で x_j 単位の財 X を生産できる」という 3 種類の数量 k_j, ℓ_j, x_j の関係で表されるとする．このとき，企業 j にとって財 K, L は**生産要素**（production factor），財 X は**生産物**（product）と呼ばれる．ここで，企業 j の技術を表現するため，非負の 2 次元ベクトル (k_j,ℓ_j) に対して非負の実数

x_j を与える関数 F^j：

$$x_j = F^j(k_j, \ell_j)$$

を導入する．この関数 F^j は企業 j の**生産関数**（production function）と呼ばれる．以上の設定で部分均衡生産モデルを導く．上の関数で $k_j = \overline{k}_j$ に固定し，F^j が ℓ_j の単調増加関数（どのような $\overline{k}_j$ のもとでも，$\ell_j < \ell_j'$ ならば $F^j(\overline{k}_j, \ell_j) < F^j(\overline{k}_j, \ell_j')$）であることを仮定すれば，

$$x_j = F^j(\overline{k}_j, \nu_j(x_j))$$

を満たすような関数，つまり x_j に応じて $x_j = F^j(\overline{k}_j, \ell_j)$ となるような ℓ_j を与える関数 ν_j を考えることができる．この ν_j を企業 j の財 X に対する**可変費用関数**（variable cost function）と呼ぶ．これに，生産量にかかわらずにかかってくる一定の費用の**固定費用**（fixed cost）f_j を加え，関数 c_j を

$$c_j(x_j) = \nu_j(x_j) + f_j$$

で定義する．関数 c_j を企業 j の**費用関数**（cost function）と呼ぶ．解釈は「他の財の投入量を一定としたとき，企業 j が x_j 単位の財 X を生産するのに必要なニュメレールの量を測る関数」である．また費用関数 c_j の導関数 c_j' は企業 j の**限界費用関数**（marginal cost function），x_i 単位における c_j' の値 $c_j'(x_i)$ は企業 j の**限界費用**（marginal cost）と呼ばれる．以上の議論は生産要素が何種類あっても，企業 j にとって生産要素の価格がすべて所与であれば，一般化が可能である．

[3] 総余剰関数

X, Y, K, L という4種類の財が存在する経済を考える．この経済の全家計の集合を I，財 X を生産する企業の集合を J とする．このとき，**社会的賦存量**（social endowment：生産活動を行う前から存在する取引可能な商

品の量を社会全体で合計したもの)，および部分均衡モデルの総余剰関数は次のような前提の下で一般均衡モデルから切り出される．

1. X を生産しない企業に関しては，L を含む X 以外の各商品の生産量と投入量は固定され，必要な生産要素は社会的賦存量から過不足なく割り当てられている．
2. X を生産する企業に関しては，X と L 以外の各商品の生産量と投入量は固定され，L 以外の必要な生産要素は社会的賦存量から過不足なく割り当てられている．
3. すべての家計に関しては，X と L 以外の各商品の消費量は固定されている．
4. X と L 以外の各商品の社会的賦存量はすべて企業と消費者に割り当てられている．
5. L の社会的賦存量で財 X を生産しない企業に割り当てられていない分は，X を生産する企業とすべての家計に利用可能である．
6. X の社会的賦存量と企業による生産量の総量は，すべての家計に利用可能である．

具体的に説明する．財 Y は企業 0 によってのみ財 K, L から生産されるとする．財 K, L の投入量はそれぞれ $\overline{k}_0$, $\overline{\ell}_0$, 財 Y の生産量は $\overline{y}_0$ で固定されているとする．財 X を生産する各企業 $j \in J$ は財 K の投入量が $\overline{k}_j$ で固定されており，財 X の生産量 x_j とそれを生産するのに必要な財 L の投入量 $c_j(x_j)$ は変数となる．各家計 $i \in I$ は財 Y の消費量が $\overline{y}_i$ で固定されており，財 X, L の消費量 x_i, ℓ_i は変数となる．財 X, Y, K, L の社会的賦存量をそれぞれ $\overline{x}$, $\overline{y}$, $\overline{k}$, $\overline{\ell}$ で表せば，

$$\sum_{i \in I} x_i = \overline{x} + \sum_{j \in J} x_j, \quad \sum_{i \in I} \overline{y}_i = \overline{y} + \overline{y}_0,$$
$$\sum_{j \in J} \overline{k}_j + \overline{k}_0 = \overline{k}, \quad \sum_{i \in I} \ell_i + \sum_{j \in J} c_j(x_j) + \overline{\ell}_0 = \overline{\ell}$$

となる⁴. なお $\bar{x} = \bar{y} = 0$ とすれば財 X, Y が生産によってのみ賄われるモデルが, X を生産する企業の集合 J を空集合および Y を生産する企業 0 を存在しないものとすれば交換経済モデルが表現可能である. 私的所有権のある経済で社会的賦存量は, 実際は「個別賦存量」の合計であるが, しばらくは個別賦存量には触れない. したがって, 個人の資産も所得も明らかでないので, 市場も表現できない. それゆえ, しばらくは価格もでてこないことにご注意いただきたい.

さて, ここで家計と X を生産する企業に割り当て可能な L の数量を

$$\bar{\ell}_X = \bar{\ell} - \bar{\ell}_0$$

と書く. このとき, 部分均衡モデルにおける **X 部門の実現可能配分** (feasible allocation of X-sector) とは社会的賦存量を用いて生産が可能で, 消費と生産がバランスしている状態, つまり,

$$\sum_{i \in I} x_i = \bar{x} + \sum_{j \in J} x_j, \quad \sum_{i \in I} \ell_i + \sum_{j \in J} c_j(x_j) + \bar{\ell}_X$$

を満たすような非負の $(\ell_i)_{i \in I}$ が存在する非負の実数の組 $((x_i)_{i \in I}, (x_j)_{j \in J})$ と定義する⁵.

この X 部門の実現可能配分で評価した各家計の W^i を合計すると,

$$\sum_{i \in I} W^i(x_i, \ell_i) = \sum_{i \in I} w_i(x_i) + \sum_{i \in I} \ell_i = \sum_{i \in I} w_i(x_i) - \sum_{j \in J} c_j(x_j) + \bar{\ell}_X$$

となり, $((x_i)_{i \in I}, (x_j)_{j \in J})$ のみに依存する. ここで関数 W を

---

4 たとえば, 家計が a 家, b 家, c 家の3つで, その集合 I を $\{a, b, c\}$ で表し, 企業が s 社, t 社の2つで, その集合 J を $\{s, t\}$ で表すとする. このとき, $\sum_{i \in I} x_i = x_a + x_b + x_c$, $\sum_{j \in J} x_j = x_s + x_t$ を表す. 以後同じ記号法を採る.

5 たとえば, 家計が a 家, b 家, c 家の3つで, その集合 I を $\{a, b, c\}$ で表し, 企業が s 社, t 社の2つで, その集合 J を $\{s, t\}$ で表すとする. このとき, $(\ell_i)_{i \in I}$ は (ℓ_a, ℓ_b, ℓ_c) という3次元ベクトルを, $((x_i)_{i \in I}, (x_j)_{j \in J})$ は $((x_a, x_b, x_c), (x_s, x_t))$ という3次元ベクトルと2次元ベクトルの組合せを表す. 以後同じ記号法を採る.

$$W((x_i)_{i\in I},(x_j)_{j\in J}) = \sum_{i\in I} w_i(x_i) - \sum_{j\in J} c_j(x_j)$$

で定義し，関数 W を X 部門の総余剰関数（total surplus function of X-sector）と呼ぼう．ここで，$W^i(x_i,\ell_i) = \dfrac{U^i(x_i,\overline{y}_i,\ell_i)}{\lambda_i}$ であったことを思い出そう．このことから，各家計の効用関数がすべて準線形ではあるが L の限界効用がさまざまである経済において，総余剰関数とは各家計の効用関数に加重として L の限界効用の逆数をかけた値をすべての家計について合計した関数である[6].

[4] パレート最適と総余剰最大化

この部分均衡モデルで X 部門のパレート最適（Pareto optimum of X-sector）とは，X と L 以外の商品の取引を一切行わないとき，X 部門の実現可能配分 $((x_i^*)_{i\in I}, (x_j^*)_{j\in J})$ で，すべての家計の効用を下げずに少なくとも1つの家計の効用を上げるような X 部門の他の実現可能配分が存在しないものである．また，このような $((x_i^*)_{i\in I}, (x_j^*)_{j\in J})$ は条件付最大化問題：

Maximize $w_1(x_1) + \ell_1$
subject to $w_1(x_1) + \ell_1 \geq \nu_1 \quad \text{for all} \quad i \in I\setminus\{1\}$,
    $\sum_{i\in I} \ell_i + \sum_{j\in J} c_j(x_j) = \overline{\ell}_X, \quad \sum_{i\in I} x_i = \overline{x} + \sum_{j\in J} x_j$

（ただし $\nu_i = w_i(x_i^*) + \ell_i^*$，$I\setminus\{1\}$ は家計の集合 I から家計 1 のみを除いたものを表す）

の解である．正の実数からなる実現可能配分 $((x_i^*)_{i\in I}, (x_j^*)_{j\in J})$ がパレート最適であるとき次の等式が成立する：

---

6 したがって，総余剰関数は根岸隆が考案した**根岸型社会厚生関数**（Negishi Social Welfare Function）で，所得の限界効用が定数である特別なものである．詳しくは Negishi（1960），根岸（1965）を参照．

$$\sum_{i \in I} x_i^* = \bar{x} + \sum_{j \in J} x_j^*, \quad w_i'(x_i^*) = c_j'(x_j^*)$$

ここで家計の数を$|I|$,企業の数を$|J|$で表すと,この連立方程式の未知数の数と方程式の数はともに$|I|+|J|$で一致する(つまり,少なくとも変なことは起きていない).

次に総余剰$W((x_i)_{i \in I}, (x_j)_{j \in J})$の最大化問題

Maximize $\quad \sum_{i \in I} w_i(x_i) - \sum_{j \in J} c_j(x_j) + \bar{\ell}_X$

subject to $\quad \sum_{i \in I} x_i = \bar{x} + \sum_{j \in J} x_j$

を考える.正のベクトル$((x_i^*)_{i \in I}, (x_j^*)_{j \in J})$が総余剰最大解であるとき次の等式が成立する.

$$\sum_{i \in I} x_i^* = \bar{x} + \sum_{j \in J} x_j^*, \quad w_i'(x_i^*) = c_j'(x_j^*)$$

これは上で導いたパレート最適を求める$(|I|+|J|)$本の方程式と同じである.したがって,部分均衡モデルにおいてパレート最適は総余剰最大化を意味する.

附録　一般均衡モデルの中での部分均衡モデル（市場開始前）

多数財の一般均衡モデルから2財の部分均衡モデルを切り出すとき，前者に登場する家計と企業の特性を表す関数の性質は，後者のモデルの関数にどのような形で表れるのかを説明する．古典的な一般均衡モデルより若干一般的な仮定からでも，標準的な部分均衡モデルが導けることが示される．

[1] 選好・効用関数・準線形効用関数

任意の家計 i が商品 X を x_i 単位，商品 Y を y_i 単位，商品 L を ℓ_i 単位消費する消費行動を非負の3次元ベクトル (x_i, y_i, ℓ_i) で表す．

また，家計 $i \in I$ はいかなる2つの消費行動に対しても一方が片方より好ましいか，片方ほど好ましくないか，あるいは片方と同程度に好ましいかを判断できるとする．一方が片方と同程度に好ましいことは，「**無差別**」(indifferent) であると言われる．

2つの消費行動が無差別であるケースと「好き嫌いが判断できない」というケースは区別され，後者のケースは排除される[7]．このような好き嫌いは一般に家計によって異なるが，家計に固有の好き嫌いは，家計の**選好** (preference) と呼ばれる[8]．

さらに，任意の2つの消費行動 (x_i, y_i, ℓ_i) と (x'_i, y'_i, ℓ'_i) に対して「(x_i, y_i, ℓ_i) は (x'_i, y'_i, ℓ'_i) より好ましいか無差別である（少なくとも同程度に好ましい）」と判断することが，ある決まった3次元の非負象限上で定義された実

---

[7] たとえば，パパイヤ1個とマンゴー2個のどちらかが好きですかと言われて，どちらも同じくらい好きで答えられなければ「無差別」，パパイヤ1個とマンゴー2個のどちらかが好きですかと言われて，パパイヤとマンゴーのうちの一方あるいは両方を食べたことがなく，比べることができないため答えられなければ「好き嫌いが判断できない」になる．

数値関数 U^i により，「$U^i(x_i,y_i,\ell_i) \geq U^i(x'_i,y'_i,\ell'_i)$」と表されるとき，関数 U^i は家計 i の**効用関数**（utility function），これらの値 $U^i(x_i,y_i,\ell_i)$，$U^i(x'_i,y'_i,\ell'_i)$ は家計 i の**効用**（utility）と呼ばれる．

「家計 $i \in I$ にとって (x_i,y_i,ℓ_i) は (x'_i,y'_i,ℓ'_i) より好ましい」は「$U^i(x_i,y_i,\ell_i) > U^i(x'_i,y'_i,\ell'_i)$」，「家計 $i \in I$ にとって (x_i,y_i,ℓ_i) は (x'_i,y'_i,ℓ'_i) ほど好ましくない」は「$U^i(x_i,y_i,\ell_i) < U^i(x'_i,y'_i,\ell'_i)$」，「家計 $i \in I$ にとって (x_i,y_i,ℓ_i) は (x'_i,y'_i,ℓ'_i) と無差別」は「$U^i(x_i,y_i,\ell_i) = U^i(x'_i,y'_i,\ell'_i)$」と表せる．

また家計 i の効用関数 U^i の x_i（第1変数）に関する偏導関数 $\dfrac{\partial U^i}{\partial x_i} \equiv U^i_1$ は家計 i の X に対する**限界効用関数**（marginal utility function），その値 $U^i_1(x_i,y_i,\ell_i)$ は家計 i の X に対する**限界効用**（marginal utility）と呼ばれる．

8　厳密に表現すると，家計 i の選好とは3次元空間の非負象限上の**二項関係**（binary relation）で表されるので，家計 i の**選好関係**（preference relation）とも呼ばれる．家計 i の選好関係を R_i と表すと，
「$((x_i,y_i,\ell_i),\ (x'_i,y'_i,\ell'_i)) \in R_i$」は
「(x_i,y_i,ℓ_i) は (x'_i,y'_i,ℓ'_i) より好ましいか同程度に好ましい」ことを，
「$((x_i,y_i,\ell_i),\ (x'_i,y'_i,\ell'_i)) \notin R_i$」は
「(x_i,y_i,ℓ_i) は (x'_i,y'_i,ℓ'_i) ほど好ましくない」ことを表す．
なお，
「ある2つの消費行動に対しては好き嫌いが判断できない」
というケースは排除されているので，「$((x_i,y_i,\ell_i),\ (x'_i,y'_i,\ell'_i)) \notin R_i$」ならば必ず「$((x_i,y_i,\ell_i),\ (x'_i,y'_i,\ell'_i)) \notin R_i$ かつ $((x'_i,y'_i,\ell'_i),\ (x_i,y_i,\ell_i)) \in R_i$」となり (x_i,y_i,ℓ_i) は (x'_i,y'_i,ℓ'_i) ほど好ましくない」は「(x'_i,y'_i,ℓ'_i) は (x_i,y_i,ℓ_i) より好ましい」ことを表す．
また「$((x_i,y_i,\ell_i),\ (x'_i,y'_i,\ell'_i)) \in R_i$ かつ $(x'_i,y'_i,\ell'_i),\ (x_i,y_i,\ell_i)) \in R_i$」は
　　「(x_i,y_i,ℓ_i) は (x'_i,y'_i,ℓ'_i) と無差別である」
ことを表す．
家計 i の選好関係の表記法としては R_i, $\in$, $\notin$ の代わりに $\gtrsim_i$, $>_i$, $\sim_i$ を用い，
「$(x_i,y_i,\ell_i) \gtrsim_i (x'_i,y'_i,\ell'_i)$」は
「(x_i,y_i,ℓ_i) は (x'_i,y'_i,ℓ'_i) より好ましいか同程度に好ましい」，
「$(x_i,y_i,\ell_i) >_i (x'_i,y'_i,\ell'_i)$」は
「(x'_i,y'_i,ℓ'_i) は (x_i,y_i,ℓ_i) より好ましい」，「$(x_i,y_i,\ell_i) \sim_i (x'_i,y'_i,\ell'_i)$」は
「(x_i,y_i,ℓ_i) は (x'_i,y'_i,ℓ'_i) と無差別である」のように表されることが多い．

家計 i の Y (第2変数), L (第3変数) に対する限界効用関数 U_2^i, U_3^i および限界効用 $U_2^i(x_i,y_i,\ell_i)$, $U_3^i(x_i,y_i,\ell_i)$ も同様に定義される.

以上は効用関数 U^i の関数形を全く限定しない議論である. 以降は U^i の関数形が

$$U^i(x_i,y_i,\ell_i) = u^i(x_i,y_i) + \lambda_i \ell_i, \quad \lambda_i > 0$$

である場合に限定する.

家計ごとに関数 W^i も係数 λ_i も異なって構わないが, 財 L の限界効用は $U_3^i(x_i,y_i,\ell_i) = \lambda_i$ と (x_i,y_i,ℓ_i) の値にかかわらず一定とする. このような関数 U^i は**準線形** (quasi-linear), あるいは ℓ_i に関して (あるいは第3変数に関して) **線形** (linear) であると言う.

準線形の効用関数に関する定義はこれでなされたと言ってよいが, 通常はすべての家計 i の効用関数の条件付最大化問題の解が一点で決まるために, 効用関数が U^i が**強く準凹** (strictly quasi-concave) であること, すなわち

$$(x_i,y_i,\ell_i) \neq (x_i',y_i',\ell_i') \,\&\, U^i(x_i,y_i,\ell_i) \leq U^i(x_i',y_i',\ell_i') \,\&\, 0 < t < 1$$
$$\Rightarrow U^i((1-t)(x_i,y_i,\ell_i) + t(x_i',y_i',\ell_i')) > U^i(x_i,y_i,\ell_i)$$

が仮定される. このとき, U^i が準線形であることを考慮すれば, u^i が**強く凹** (strictly concave) であること, すなわち

$$(x_i,y_i) \neq (x_i',y_i') \,\&\, 0 < t < 1$$
$$\Rightarrow u^i((1-t)(x_i,y_i) + t(x_i',y_i')) > (1-t)u^i(x_i,y_i) + tu^i(x_i',y_i')$$

であることが次のように示される.

命題 (実数値関数の準線形性と準凹性による凹性の含意)
3次元実数空間の非負象限上で

$$U^i(x_i,y_i,\ell_i) = u^i(x_i,y_i) + \lambda_i \ell_i, \quad \lambda_i > 0$$

と表せる実数値関数 U^i が強く準凹であるとき，2次元実数空間の非負象限上の実数値関数 u^i は強く凹である[9].

証明：$(x_i, y_i) \neq (x'_i, y'_i)$ となるような非負の2点 (x_i, y_i), (x'_i, y'_i) を取り，一般性を失うことなく $u^i(x_i, y_i) \leq u^i(x'_i, y'_i)$ と仮定する．ここで，$\ell_i = (u^i(x'_i, y'_i) - u^i(x_i, y_i))/\lambda_i$ とおくと，$u^i(x_i, y_i) + \lambda_i \ell_i = u^i(x'_i, y'_i) + \lambda_i 0$ となる．このとき，$(x_i, y_i, \ell_i) \neq (x'_i, y'_i, 0)$ であり，$0 < t < 1$ となる任意の実数 t をとれば，U^i が強く準凹であることから，

$$U^i((1-t)(x_i, y_i, \ell_i) + t(x'_i, y'_i, 0)) > U^i(x_i, y_i, \ell_i)$$

なので，$u^i((1-t)(x_i, y_i) + t(x'_i, y'_i)) + (1-t)\lambda_i \ell_i > u^i(x_i, y_i) + \lambda_i \ell_i$ となり，

$$u^i((1-t)(x_i, y_i) + t(x'_i, y'_i)) > u^i(x_i, y_i) + t\lambda_i \ell_i = u^i(x_i, y_i) + t(u^i(x'_i, y'_i) - u^i(x_i, y_i))$$

つまり，$u^i((1-t)(x_i, y_i) + t(x'_i, y'_i)) > (1-t)u^i(x_i, y_i) + tu^i(x'_i, y'_i)$ となる．証明終．

ここで財 Y の消費を $y_i = \bar{y}_i$ に固定し，この関数 U^i を λ_i で割ると

$$\frac{U^i(x_i, \bar{y}_i, \ell_i)}{\lambda_i} = \frac{u^i(x_i, \bar{y}_i)}{\lambda_i} + \ell_i$$

が得られる．ここで $\bar{y}_i$ が定数であることから x_i だけが変数である関数 w_i を

---

[9] 実数値関数 U^i が準凹（quasi-concave）であるとは

$$0 < t < 1 \Rightarrow U^i((1-t)(x_i, y_i, \ell_i) + t(x'_i, y'_i, \ell'_i))$$
$$\geq \min\{U^i(x_i, y_i, \ell_i), U^i(x'_i, y'_i, \ell'_i)\}$$

実数値関数 u^i が凹（concave）であるとは，

$$0 < t < 1 \Rightarrow u^i((1-t)(x_i, y_i) + t(x'_i, y'_i)) \geq (1-t)u^i(x_i, y_i) + tu^i(x'_i, y'_i)$$

ということである．準線形関数 U^i が準凹であるとき，u^i が凹であることはこの命題の証明と全く同じようにして証明できる．

附録　一般均衡モデルの中での部分均衡モデル（市場開始前）

$$w_i(x_i) = \frac{u^i(x_i, \bar{y}_i)}{\lambda_i}$$

で定義すると，$\dfrac{U^i(x_i, \bar{y}_i, \ell_i)}{\lambda_i}$ は，(x_i, ℓ_i) を変数とする関数 W^i：

$$W^i(x_i, \ell_i) = w_i(x_i) + \ell_i$$

の値として考え直すことができる．このとき，家計 i の財 Y の消費が $y_i = \bar{y}_i$ に固定されていることに注意すれば，2つの消費の組合せ (x_i, ℓ_i), (x'_i, ℓ'_i) に関して，$W^i(x_i, \ell_i) \geq W^i(x'_i, \ell'_i)$ は $U^i(x_i, \bar{y}_i, \ell_i) \geq U^i(x'_i, \bar{y}_i, \ell'_i)$ のときに成立し，またそのときに限ることがわかる．したがって，関数 W^i は $y_i = \bar{y}_i$ のときに制限された家計 i の効用関数であると言える．

さらに関数 U^i を λ_i で割るという操作により，任意の家計 i の関数 W^i は，

$$\begin{aligned}W^i(x_i, \ell_i) &= w_i(x_i) + \ell_i = w_i(0) + (\ell_i + w_i(x_i) - w_i(0)) \\ &= W^i(0, \ell_i + w_i(x_i) - w_i(0))\end{aligned}$$

という性質を持つ．つまり，家計 i にとっては (x_i, ℓ_i) を消費することと $(0, \ell_i + w_i(x_i) - w_i(0))$ を消費することは無差別である．これがどのような ℓ_i の値についても成り立つので，家計 i が財 X を x_i 単位消費することによって得る効用の増分 $w_i(x_i) - w_i(0)$ とニュメレールを $w_i(x_i) - w_i(0)$ 単位消費することによって得る効用は等しいと言える．つまり，ニュメレールを何単位持っていてもそのうちの消費を $w_i(x_i) - w_i(0)$ 単位断念してその分効用が減っても，新たに財 X を x_i 単位消費して効用が増えれば同じ水準の効用が保たれるのである．

したがって，関数 w_i の解釈は「家計 i にとって x_i 単位の財 X の消費による効用の増分と引き換えに失ってもよいニュメレールの量を測る関数」である．このことから関数 w_i は家計 i の X に対する**総支払用意関数**（total WTP function，WTP は Willingness to Pay の略），数値 $w_i(x_i) - w_i(0)$ は家計 i の X に対する**総支払用意**（total WTP）と呼ばれる．

このような関数 U^i，それから得られる w_i の例として，次のようなもの

がある.

「2次関数+1次関数」型:

$$U^i(x_i, y_i, \ell_i) = \alpha_{Xi} x_i + \alpha_{Yi} y_i - \frac{1}{2}(\beta_{Xi}(x_i)^2 + \beta_{Yi}(y_i)^2 - 2\gamma_i x_i y_i) + \lambda_i \ell_i,$$

$$w_i(x_i) = \frac{\alpha_{Xi}}{\lambda_i} x_i + \frac{\alpha_{Yi}}{\lambda_i} \bar{y}_i - \frac{1}{2}\left(\frac{\beta_{Xi}}{\lambda_i}(x_i)^2 + \frac{\beta_{Yi}}{\lambda_i}(\bar{y}_i)^2 - \frac{2\gamma_i}{\lambda_i} x_i \bar{y}_i\right)$$

ただし, $\alpha_{Xi} > 0$, $\alpha_{Yi} > 0$, $\beta_{Xi} > 0$, $\beta_{Yi} > 0$, $\beta_{Xi} \beta_{Yi} > \gamma_i$.

「コブ・ダグラス関数+1次関数」型:

$$U^i(x_i, y_i, \ell_i) = \beta_i (x_i)^{\alpha_{Xi}}(y_i)^{\alpha_{Yi}} + \lambda_i \ell_i,$$

$$w_i(x_i) = \frac{\beta_i}{\lambda_i}(x_i)^{\alpha_{Xi}}(\bar{y}_i)^{\alpha_{Yi}}$$

ただし, $\alpha_{Xi} > 0$, $\alpha_{Yi} > 0$, $\beta_i > 0$, $\alpha_{Xi} + \alpha_{Yi} < 1$.

「CES関数+1次関数」型:

$$U^i(x_i, y_i, \ell_i) = \left[\beta_{Xi}(x_i)^{\alpha_i} + \beta_{Yi}(y_i)^{\alpha_i}\right]^{\frac{\rho_i}{\alpha_i}} + \lambda_i \ell_i,$$

$$w_i(x_i) = \frac{1}{\lambda_i}\left[\beta_{Xi}(x_i)^{\alpha_i} + \beta_{Yi}(\bar{y}_i)^{\alpha_i}\right]^{\frac{\rho_i}{\alpha_i}}$$

ただし, $0 < \alpha_i < 1$, $\beta_{Xi} > 0$, $\beta_{Yi} > 0$, $0 < \rho_i < 1$.

[2] 技術・生産関数・費用関数

企業 j の技術 (technology) は「k_j 単位の財 K と ℓ_j 単位の財 L を投入すれば最大で x_j 単位の財 X を生産できる」という3種類の数量 k_j, ℓ_j, x_j の関係で表されるとする.

このとき, 企業 j にとって財 K, L は**生産要素** (production factor), 財 X

は**生産物**(product)と呼ばれる．ここで，企業 j の技術を表現するため，非負の2次元ベクトル (k_j, ℓ_j) に対して非負の実数 x_j を与える関数 F^j:

$$x_j = F^j(k_j, \ell_j)$$

を導入する．この関数 F^j は企業 j の**生産関数**(production function)と呼ばれる．

この生産関数 F^j の k_j（第1変数）に関する偏導関数 $\frac{\partial F^j}{\partial k_j} \equiv F_1^j$ は企業 j の X に対する K の**限界生産力関数**(marginal productivity function)，その値 $F_1^j(k_j, \ell_j)$ は X に対する K の**限界生産力**(marginal productivity)と呼ばれる．企業 j の X に対する L の限界生産力関数 F_2^j および限界生産力 $F_2^j(k_j, \ell_j)$ も同様に定義される．

生産関数に関する定義は以上であるが，通常はすべての完全競争企業の利潤最大化問題の解の値が**凸集合**(convex set)[10]となるために，生産関数 F^j が**凹**(concave)であること，すなわち

$$0 < t < 1 \Rightarrow F^j((1-t)(k_j, \ell_j) + t(k_j', \ell_j')) \geq (1-t)F^j(k_j, \ell_j) + tF(k_j', \ell_j')$$

が仮定される．F^j が強く凹であることは凹であることの特殊ケースであり，完全競争企業の利潤最大化問題の解の値は一点となる．以降の議論では F^j が強く凹であることは仮定しないが，$k_j = \overline{k}_j$ と固定した1変数関数の $F^j(\overline{k}_j, \cdot)$，および $\ell_j = \overline{\ell}_j$ と固定した1変数関数の $F^j(\cdot, \overline{\ell}_j)$ が強く凹であること，すなわち

$$\ell_j \neq \ell_j' \ \& \ 0 < t < 1 \Rightarrow F^j(\overline{k}_j, (1-t)\ell_j + t\ell_j') > (1-t)F^j(\overline{k}_j, \ell_j) + tF^j(\overline{k}_j, \ell_j')$$
$$k_j \neq k_j' \ \& \ 0 < t < 1 \Rightarrow F^j((1-t)k_j + tk_j', \overline{\ell}_j) > (1-t)F^j(k_j, \overline{\ell}_j) + tF^j(k_j', \overline{\ell}_j)$$

を仮定する．F^j が強く凹であれば，$F^j(\overline{k}_j, \cdot)$ も $F^j(\cdot, \overline{\ell}_j)$ も強く凹となる．

---

10 集合 S が**凸集合**(convex set)であるとは，任意の $a, b \in S$ および $0 < t < 1$ となる実数 t に対し $(1-t)a + tb \in S$ が成立することを言う．一点，1つの線分，半直線，直線などは，凸集合の特殊ケースである．

だが，$F^j(\bar{k}_j, \cdot)$ と $F^j(\cdot, \bar{\ell}_j)$ が強く凹であっても，F^j が強く凹にも，凹にもならない場合がある．このような関係を考えるのに役立つ凹関数 F^j の例として次のようなものがある．

コブ・ダグラス関数：

$$F^j(k_j, \ell_j) = \beta_j (k_j)^{\alpha_{Kj}} (\ell_j)^{\alpha_{Lj}}$$

ただし，$0 < \alpha_{Kj} < 1$，$0 < \alpha_{Lj} < 1$，$\beta_j > 0$，$\alpha_{Kj} + \alpha_{Lj} \leq 1$．

CES 関数：

$$F^j(k_j, \ell_j) = \left[\beta_{Kj}(k_j)^{\alpha_j} + \beta_{Lj}(\ell_j)^{\alpha_j} \right]^{\frac{\rho_j}{\alpha_j}}$$

ただし，$0 < \alpha_j < 1$，$\beta_{Kj} > 0$，$\beta_{Lj} > 0$，$0 < \rho_j \leq 1$．

F^j がコブ・ダグラス関数であるときは強く準凹で，$F^j(\bar{k}_j, \cdot)$ と $F^j(\cdot, \bar{\ell}_j)$ は強く凹である．また，F^j は $\alpha_{Kj} + \alpha_{Lj} < 1$ のとき強く凹で，$\alpha_{Kj} + \alpha_{Lj} = 1$ のとき強く凹ではないが凹である．なお，$\alpha_{Kj} + \alpha_{Lj} > 1$ となった場合は，凹関数でも凸関数でもない関数となる．

F^j が CES 関数であるときは強く準凹で，$F^j(\bar{k}_j, \cdot)$ と $F^j(\cdot, \bar{\ell}_j)$ は強く凹である．また，F^j は $\rho_j < 1$ のとき強く凹で，$\rho_j = 1$ のとき強く凹ではないが凹である．なお，$\rho_j > 1$ となった場合は，凹関数でも凸関数でもない関数となる．

以降はすべての企業 j の生産関数 F^j は凹で，かつ $F^j(\bar{k}_j, \cdot)$ と $F^j(\cdot, \bar{\ell}_j)$ は強く凹という設定で部分均衡生産モデルを導く．上の関数で $k_j = \bar{k}_j$ (status quo) に固定し以下のように ℓ_j を解く：

$$\nu_j(x_j) = \{ \ell_j \mid x_j = F^j(\bar{k}_j, \ell_j); \ell_j \leq \ell_j' \text{ for each } \ell_j' \text{ such that } x_j = F^j(\bar{k}_j, \ell_j') \}$$ [11]

上の ν_j を企業 j の財 X に対する**可変費用関数**（variable cost function）と呼

ぶ．これに，生産量にかかわらずにかかってくる一定の費用の**固定費用**（fixed cost）f_j を加え，関数 c_j を

$$c_j(x_j) = \nu_j(x_j) + f_j$$

で定義する．関数 c_j を企業 j の**費用関数**（cost function）と呼ぶ．先に例として挙げた2つの型の生産関数のそれぞれから次のような費用関数が導かれる．

コブ・ダグラス関数 $F^j(k_j, \ell_j) = \beta_j(k_j)^{\alpha_{Kj}}(\ell_j)^{\alpha_{Lj}}$ から導かれる費用関数：

$$c_j(x_j) = \beta^{-\frac{1}{\alpha_{Lj}}} (\overline{k}_j)^{-\frac{\alpha_{Kj}}{\alpha_{Lj}}} (x_j)^{\frac{1}{\alpha_{Lj}}} + f_j.$$

CES関数 $F^j(k_j, \ell_j) = \left[\beta_{Kj}(k_j)^{\alpha_j} + \beta_{Lj}(\ell_j)^{\alpha_j} \right]^{\frac{\rho_j}{\alpha_j}}$ から導かれる費用関数：

$$c_j(x_j) = (\beta_{Lj})^{-\frac{1}{\alpha_j}} \left[(x_j)^{\frac{\alpha_j}{\rho_j}} - \beta_{Kj}(\overline{k}_j)^{\alpha_j} \right]^{\frac{1}{\alpha_j}} + f_j$$

ただし，$x_j \geq (\beta_{Kj})^{\frac{\rho_j}{\alpha_j}} (\overline{k}_j)^{\alpha_j}$.

11　F^j が ℓ_j の単調増加関数（どのような $\overline{k}_j$ のもとでも，$\ell_j < \ell_j'$ ならば $F^j(\overline{k}_j, \ell_j) < F^j(\overline{k}_j, \ell_j')$）であることを仮定すれば，$\nu_j(x_j)$ は単に「$x_j = F^j(\overline{k}_j, \ell_j)$ となるような ℓ_j」と考えてよい．本文のような書き方は，F^j が ℓ_j の単調増加関数ではない場合に加えて，固定されていない生産要素が L だけではない一般の可変費用関数の定式化を L だけのケースにあてはめたものである．

[参考文献]

根岸隆 (1965)『価格と配分の理論』東洋経済新報社.

Arrow, Kenneth J., and Gerard Debreu (1954), "Existence of an Equilibrium for a Competitive Economy," *Econometrica* 22, 265-290.

Debreu, Gerard (1959), *Theory of Value*, Yale University Press.

Hicks, John R. (1939), *Value and Capital*, Oxford University Press.

Koopmans, Tjalling C. (1947), "Measurement without Theory," *Review of Economics and Statistics* 29 , 161-172.

Marshall, Alfred (1890), *Principles of Economics*, London: Macmillan.

McKenzie, Lionel W. (1954), "On Equilibrium in Graham's Model of World Trade and Other Competitive System," *Econometrica* 22, 146-161.

McKenzie, Lionel W. (1959), "On the Existence of General Equilibrium for a Competitive Market," *Econometrica* 28, 54-71.

Negishi,Takashi (1960), "Welfare Economics and Existence of an Equilibrium for a Competitive Economy," *Metroeconomica* XII, 92-97.

Samuelson, Paul A. (1947, Enlarged edition 1983), *Foundations of Economic Analysis*, Cambridge, Massachusetts: Harvard University Press.

Walras, Leon (1874), *Elements of Pure Economics*, London: George Allen and Unwin (Translated by William Jaffe, 1954).

第 2 章
完全競争の部分均衡

2.1 資産，市場，価格

　商品 X を「生産要素にならない消費財」，商品 L を「余暇・労働（生産要素になる消費財）」とする．この章でようやく市場と価格が登場する．その前に，じらすわけではないが生産が行われる前に個別の家計に与えられている資産（portfolio）について説明する．

　資産は家計の所得を生み出す源泉である．アロウ・ドゥブリュー型モデル[Arrow & Debreu (1954), Debreu (1959)]という名でも知られる私的所有経済（private ownership economy）という理論モデルでは，まず金融資産のない世界を考え，家計の資産とは売ったり貸したりして報酬が得られるモノ（労働，家屋，土地，その他市場価値のある商品）と企業に対する「所有権（property）」（同時に「責任（liability）」）から成ると定義する．つまり，生産活動が行われる前にそれぞれの家計に対して存在する商品の「どのくらいの量を所有するか」とまだ存在しない企業利潤の「どのくらいの割合を所有するか」が決まっている．

　より詳しく述べる．前者については，X の生産が行われる前，家計 i が持つ X, L の量をそれぞれ $\bar{x}_i$, $\bar{\ell}_i$ で表し，所有していない商品に関してはゼロとする．一日の経済を考えるのであれば $\bar{\ell}_i = 24$ 時間，一週間の経済を考

えるのであれば，24 時間×7＝168 時間と通常は考えられるが，今は他の商品の市場取引は終了しているので，他の経済活動に使われている労働は除かれていることになる[1]．

後者については，売上から費用を差し引いた利潤（あるいは損失）のすべてがどこかの家計の分配（あるいは負担）に帰することを意味する．アロウ・ドゥブリュー型モデルにならい，分配率は常に一定と仮定し，家計 i が企業 j に対して有する利潤の**分配率**（シェア，share）を θ_{ij} という文字で表そう[2]．適切な例としては，ラジオ局の株を IT 会社とテレビ局という企業が何％ずつ保有しているかという例ではなく，個人が発明した半導体から得られる会社の利益を発明者ほか分配の権利を有する人々とで何％ずつ分け合うかという設定があてはまる（つまり，企業の利潤が他の企業に分配されるケースは考えない）．当然，1 つの企業に対してさまざまな個人が有するシェアを合計すると 100％，つまり 1 となる．

なお，家計間の資産の相違は一切与件で，全家計の資産は不変とし，資産の売買の市場は考えない（「資産をどのような形で持てば高い所得を得られるか」は，「資産選択（portfolio selection）」という経済学の別個の重要な問

---

[1] もちろん，すべてを労働に振り分けることは不可能であろうから，睡眠時間など絶対に働けない時間をあらかじめ引いた値を考えて差し支えない（むしろそう考える方が自然だが，$\overline{l}_i = 24$ 時間の例が経済学の文献にはもっとも多く見られる）．なお，一日 24 時間を超える L の保有も，召使を有する資産家や召使のような夫を有するご婦人などを考えれば，所有権の上ではありえない話ではない．

[2] 利潤を一定割合で分けるという設定は理論モデルでは標準的であるが，そうでない例は多く存在する．矢野（2001, p.161）で挙げられている本の印税のように「売上」を一定割合で分けるというルールは，著作権や特許などの「知的所有権（intellectual property）」を有する個人に対する報酬の支払いに通常用いられている．つまり，知的所有権の所有者は，経営に携わらない限り，利益（＝売上－費用）が赤字の場合に対する責任は問われない．その意味で，売上を分けるルールは作家，漫画家，作詞家，作曲家，歌手，写真家，デザイナーそして発明家など創造的な表現を追求する人材を育てるシステムとしてはよい分配方式と思われるがどうだろうか．

題である).つまり,今後登場する理論モデルおよび実験においては,資産を持つ者と持たざる者がいても,最初から最後までそれはずっと変わらないものとする(これはモノの市場に分析を集中するためのモデルの単純化であり,この状況を支持しているわけではない).

これで家計間への資産の分配状態と個々の家計のポートフォリオ(資産目録)は次のように定義できる.

> **定義.** 資産分配 (portfolio distribution) とは非負の数の組 $((\overline{x}_i, \overline{\ell}_i),$ $(\theta_{ij})_{j \in J})_{i \in I}$ で,$\sum_{i \in I} \overline{x}_i = \overline{x}$, $\sum_{i \in I} \overline{\ell}_i = \ell_X$, X を生産する各企業 $j \in J$ に対し $\sum_{i \in I} \theta_{ij} = 1$ を満たすものである.このとき,$(\overline{x}_i, \overline{\ell}_i)$ は家計 i が有する X, L の**個別賦存量** (individual endowment) を,θ_{ij} は家計 i が企業 j に対して有する利潤の**分配率** (share) を表し,$(\overline{\ell}_i, (\theta_{ij})_{j \in J})$ は家計 i のポートフォリオ (portfolio) とよばれる.

2.2 価格決定のしくみ

それでは,商品 X の市場がどのように運行し価格がどのように決まるかを,まず理論に忠実に説明しよう.

完全競争市場であるので,各企業は価格受容者で,ニュメレール L の価格(=1)ばかりでなく,自分が作る X の価格も外部から与えられ自分では動かせない.以上の設定のもと,仮に第 1 回目の価格として X の価格 $p(1)$ が与えられ,企業 j が自身の供給関数[3]にしたがって選択した X の生産量が $x_j(1)$ だとすると,企業 j の見込みの売上は($x_j(1)$ が全部売れるかどうかは別として)$p(1)x_j(1)$,費用は $c_j(x_j(1))$,よって見込みの利潤は $p(1)$

---

[3] 供給関数の定義,その他詳細については本章附録を参照.

$x_j(1)-c_j(x_j(1))$ となる．この値を $\pi_j(1)$ としよう．

　一方完全競争市場では，各家計 i は価格受容者かつ所得受容者である．財の価格を動かしたり，企業に利潤の分配金を交渉して自分の所得を増やしたりすることはできない．上で説明したように，利潤の見込み額が企業から与えられるので，見込みの所得は一般に，X, L の個別賦存量の価値と企業からの利潤分配の合計額 $p(1)\bar{x}_i+\bar{\ell}_i+\sum_{j\in J}\theta_{ij}\pi_j(1)$ となる．したがって，「仮に」家計 i が自身の需要関数[4]にしたがって選択した X, L の消費量をそれぞれ $x_i(1)$, $\ell_i(1)$ とすると（$x_i(1)$ が実際全部買えるかどうかは別として），家計 i は $p(1)x_i(1)+\ell_i(1)=p(1)\bar{x}_i+\bar{\ell}_i+\sum_{j\in J}\theta_{ij}\pi_j(1)$ という予算制約に服している．あるいは「持っていない商品は，企業からの利潤の分配金とすでに持っているものの一部を売ったお金で買う」という意味を表す $p(1)(x_i(1)-\bar{x}_i)=(\bar{\ell}_i-\ell_i(1))+\sum_{j\in J}\theta_{ij}\pi_j(1)$ でも同じことである．

　さて，商品 X の市場で各企業 j の生産量 $x_j(1)$ が全部売れてかつ各家計 i の消費量 $x_i(1)$ が全部買える状態とはどのような状態であろうか．また，ニュメレール L の市場で各企業 j が $x_j(1)$ を作るための L が全部買えかつ各家計 i が売りたい $(\bar{\ell}_i-\ell_i(1))$ が全部売れる状態とはどのような状態であろうか．それはまさに X 部門の実現可能配分が達成されているとき，

$$\sum_{i\in I}x_i(1)=\sum_{i\in I}\bar{x}_i+\sum_{j\in J}x_j(1),\quad \sum_{i\in I}\ell_i(1)+\sum_{j\in J}c_j(x_j(1))=\sum_{i\in I}\bar{\ell}_i$$

の状態に他ならない．達成されたら，家計も企業も買いたい量を買い売りたい量を売り（あるいは後で商品の引渡しをする確約をし），参加者は全員思いを遂げて市場は終了する．このような状態を生み出す価格は**均衡価格**（equilibrium price）と呼ばれる．

　しかし，第 1 回目の価格 $p(1)$ が均衡価格である保証は何もない（もしそうだったら，ゴルフでいえばビギナーズラックのホールインワンである．つまり奇跡に近い）．一般には $p(2)$, $p(3)$, … と試行錯誤が要求される．と

---

[4] 需要関数の定義，その他詳細については本章附録を参照．

2.2 価格決定のしくみ

ころが，均衡価格の達成は大変ではあるが，見かけよりは少しだけ楽な部分がある．どの部分か説明しよう．

全家計の集合 I について予算制約を合計すると，

$$p(1)\sum_{i\in I}(x_i(1)-\overline{x}_i)+\sum_{i\in I}(\ell_i(1)-\overline{\ell}_i)=\sum_{i\in I}\sum_{j\in J}\theta_{ij}\pi_j(1)=\sum_{j\in J}\pi_j(1)$$
$$=\sum_{j\in J}(p(1)x_j(1)-c_j(x_j(1)))=p(1)\sum_{j\in J}x_j(1)-\sum_{j\in J}c_j(x_j(1))$$

となり，

$$\sum_{i\in I}(x_i(1)-\overline{x}_i)=\sum_{i\in I}x_i(1)-\sum_{i\in I}\overline{x}_i, \quad \sum_{i\in I}(\ell_i(1)-\overline{\ell}_i)$$
$$=\sum_{i\in I}\ell_i(1)-\sum_{i\in I}\overline{\ell}_i$$

より，

$$p(1)\left[\sum_{i\in I}x_i(1)-\sum_{i\in I}\overline{x}_i-\sum_{j\in J}x_j(1)\right]+\sum_{i\in I}\ell_i(1)+\sum_{j\in J}c_j(x_j(1))-\sum_{i\in I}\overline{\ell}_i=0$$

が導かれる．したがって，勝手な $p(1)$ を与えて $\sum_{i\in I}x_i(1)-\sum_{i\in I}\overline{x}_i-\sum_{j\in J}x_j(1)$ と $\sum_{i\in I}\ell_i(1)+\sum_{j\in J}c_j(x_j(1))-\sum_{i\in I}\overline{\ell}_i$ が同時にゼロになることは奇跡的だが，それぞれに価格を掛けて足すと，どんな $p(1)$ のもとでもゼロになる．これは一般均衡モデルから切り出した部分均衡モデルにおける**ワルラス法則**（Walras' Law）に相当する．よって，

$$\sum_{i\in I}x_i(1)-\sum_{i\in I}\overline{x}_i-\sum_{j\in J}x_j(1)$$

がゼロ（つまり，$\sum_{i\in I}x_i(1)=\sum_{i\in I}\overline{x}_i+\sum_{j\in J}x_j(1)$）になれば，自動的に

$$\sum_{i\in I}\ell_i(1)+\sum_{j\in J}c_j(x_j(1))-\sum_{i\in I}\overline{\ell}_i$$

もゼロ（つまり，$\sum_{i\in I}\ell_i(1)+\sum_{j\in J}c_j(x_j(1))=\sum_{i\in I}\overline{\ell}_i$）になる．ということは，もし商品 X の市場で品切れも売れ残りも起こさない価格が成立すれば，商品 L の市場でも同じ状態が「もれなく」ついてくるのである．これが「2式同時成立」が見かけよりは少しだけ楽だと述べた所以である．

それでは，仮に $p(1)$ が商品 X に品切れを起こさせるような価格であっ

たとしよう．これから価格が $p(2)$, $p(3)$, … と修正され，果たして品切れも売れ残りも起こさない均衡価格の成立へと向かうのであろうか．その行く末の鍵は「総需要曲線（aggregate demand curve）」と「総供給曲線（aggregate supply curve）」の形にある（ここからの話はミクロ経済学では有名な「ワルラス的調整過程の安定性」についてである）．

縦軸で商品 X の価格を，横軸で X の数量を測る2次元の座標平面を考える．本章の完全競争の部分均衡モデルの設定では，企業の供給関数を導く利潤最大化条件は「価格＝限界費用」で企業の X の供給曲線はその限界費用曲線（限界費用逓増だから右上がり）と一致し，その結果総供給曲線は右上がりとなる[5]．同様に，家計の需要関数を導く効用最大化条件は「価格＝限界支払用意」で家計の X の需要曲線はその限界支払用意曲線（限界支払用意逓減だから右下がり）と一致し，その結果総需要曲線は右下がりとなる[6]．このとき総供給曲線と総需要曲線の交点は1点であり，交点の座標が示す価格 p^* は均衡価格に他ならない．もし p^* より低い価格が成立すると商品 X に品切れが発生し，逆に高い価格が成立すると売れ残りが発生する．

したがって，$p(1)$ が商品 X に品切れを起こすような価格である状態は図2.1のように表すことができる．つまり，$p(1)$ は総需要曲線が総供給曲線の右側に位置するところ，「マーシャルのはさみ」の下の方にある．さて，そうすると，次の価格 $p(2)$ はどうなるか．品切れを起こすような値段が修正されるのであるから，次につく値段は安くなる（と書いたら，読者は面食らうと思う）ことはなく，高くなるだろう．

ここで注意である．理論では $p(1)$ は成立せず取引は行われずに修正されると想定する．つまり，$p(1)$ はあくまで品切れを起こす「ような」価格であり，商品を価格が $p(1)$ なら購入したいと思った人々は全員おあずけの状態である．よって，購入や販売を終えて市場を退出する人も，品切れの前に

---

[5] 総供給曲線の定義，その他詳細については本章附録を参照．
[6] 総需要曲線の定義，その他詳細については本章附録を参照．

2.2 価格決定のしくみ

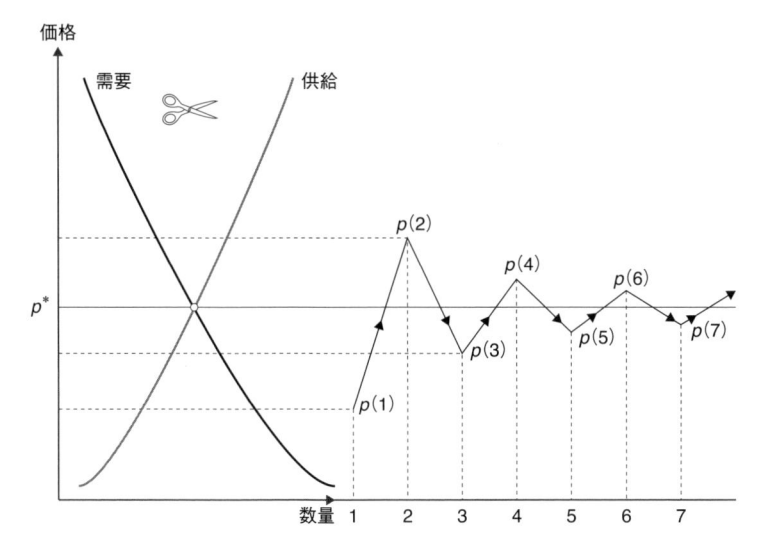

(注) 縦軸は商品 X の価格，横軸（「→」の先まで）は商品 X の数量を表す．曲線「需要」は総需要曲線，曲線「供給」は総供給曲線，そして横軸（「→」より先）に記入してある数字は「価格が提示されるのが何回目か」を表している．

図 2.1　「マーシャルのはさみ」と価格の調整過程

買いたい量の一部が買えたことで需要が減少した人も出てくることはなく，それゆえ総需要曲線と総供給曲線は動くことはない．

したがって，全く同じ図で $p(1)$ より高い $p(2)$ を考え，$p(2)$ は総需要曲線が総供給曲線の左側に位置するところ，「マーシャルのはさみ」の柄の方に付いたとする（$p(2)$ がうまく 2 曲線が交わる高さの値，つまり均衡価格 p^* に付いたら，その値で取引を行って市場は終了する）．これは商品が売れ残る「ような」価格であり，理論ではこのような価格も市場では成立せず修正されると仮定する．そうすると，次の価格 $p(3)$ はどうなるか．売れ残りが出るような値段が修正されるのであるから，次に付く値段は安くなるだろう．しかし，$p(1)$ の水準まで安くなってしまうと市場は先程と同じ条件な

ので品切れを起こしてしまう．よって，$p(3)$ は $p(2)$ よりは安いが $p(1)$ よりは高い値となる．……というプロセスを繰り返し，だんだん p^* に近づいてきて到達へと向かう様子が図に描かれている[7].

なお，価格が均衡価格の上下をジグザグに変動するのは1つの例であり，価格の修正の幅がもう少し小さければ，$p(1)$ から少しずつ高くなって p^* に近づくこともあろう．

しかし，価格の変動の形態にかかわらず，共通している価格変動のメカニズムは，商品の総需要が総供給を上回る場合はその価格が上昇し，総需要が総供給を下回る場合はその価格が下落し，総需要と総供給が一致する場合は価格の変動が停止することである．この調整過程は**ワルラス的調整過程**（Walrasian adjustment process）あるいは**タトヌマン**（tatonnement）と呼ばれる．

この調整過程が商品価格を総需要と総供給の一致に導くか否かは総需要曲線と総供給曲線の形による．縦軸の価格を独立変数として見たとき，均衡価格 p^* より安い価格で総需要が総供給より多く，高い価格で総需要が総供給より少なければ，価格はどこから始まっても p^* に向かう（総需要曲線と総供給曲線が逆であるようなケースではタトヌマンは価格を p^* に導かない）．したがって，われわれが考えている家計と企業が集まった市場ではタトヌマンが起これば，いつかは価格 p^* で取引が成立するであろう．

このことをやや数学的に書くと，「任意の正の価格 $p(1)$ を初期値としたとき，タトヌマンにより生成される価格の経路 $\{p(t)\}$ が均衡価格 p^* に収束するか」という問題に帰する[8]．細かい議論は割愛するが，これは均衡価格の「**大域的安定性**（global stability）」の問題と呼ばれ，（時間を連続的にとり微分方程式を用いるなどして）厳密に証明してもこれまでの言葉による議論とほぼ同じ推論により，次のような肯定的な結論が得られる．

---

[7] 黒いプラスチックの片目隠しと指し棒で行うマニュアルの視力検査を（知っている人は）思い出して頂きたい．このような均衡価格を模索するプロセスはあの視力測定の方法と似たところがある．

> **定理（大域的安定性）．** 部分均衡モデルにおいて，総需要曲線が右下がりで総供給曲線が右上がりならば，均衡価格は一意で大域的安定である．

2.3 完全競争均衡

次は均衡価格が達成された状態について考えよう．はじめから社会に対して決められている資産分配に服している企業と家計は，この特別な価格を動かせないものとして受容し，それぞれの便益を最大化するように商品の販売量と購入量を決定しているが，それらの総量は賦存量と相まって社会全体でちょうど等しくなっている．つまり，実際の売手と買手の取引として実現可能なのである．これを「完全競争（市場の）均衡」としてきちんと定義すると次のようになる．

> **定義．** 資産分配 $((\bar{x}_i, \bar{\ell}_i), (\theta_{ij})_{j \in J})_{i \in I}$ に対する X 部門の**完全競争均衡** (perfectly competitive equilibrium for X-sector) とは実現可能配分 $((x_i^*)_{i \in I}, (x_j^*)_{j \in J})$ と価格 p^* の組で以下の条件を満たす非負の $(\ell_i^*)_{i \in I}$ が存在するものである：

---

8 高校の数学の「数列」で表現すると「正の実数 $p(t)$ に対して正の実数 $p(t+1)$ を与える漸化式 $p(t+1) = f(p(t))$ について $p^* = f(p^*)$ となる p^* がただ 1 つであるとき，正の実数 $p(1)$ を初項とする数列 $\{p(t)\}$ は p^* に収束するか」という問題になる．このとき本論での関数 f は総需要関数と総供給関数に，収束するかしないかは f の関数形に依存することがわかる．大学以降の数学では，漸化式は**差分方程式** (difference equation)，$p^* = f(p^*)$ となる p^* は**定常点** (stationary point) または**不動点** (fixed point) と呼ばれる．このときもし任意の正の実数を初項としても，f が定める数列 $\{p(t)\}$ が p^* に収束するならば「差分方程式 $p(t+1) = f(p(t))$ の定常点 p^* は**大域的安定**である」と言われる．

(P) 各企業 $j \in J$ において，すべての $x_j \geq 0$ に対して，
$$p^* x_j^* - c_j(x_j^*) \geq p^* x_j - c_j(x_j)$$
ここで，各企業 $j \in J$ に対して，$\pi_j^* = p^* x_j^* - c_j(x_j^*)$ と定義する。

(C) 各家計 $i \in I$ において，
$$p^* x_i^* + \ell_i^* \leq p^* \overline{x}_i + \overline{\ell}_i + \sum_{j \in J} \theta_{ij} \pi_j^*$$
また $p^* x_i + \ell_i \leq p^* \overline{x}_i + \overline{\ell}_i + \sum_{j \in J} \theta_{ij} \pi_j^*$ を満たすすべての $(x_i, \ell_i) \geq (0, 0)$ に対して，
$$w_i(x_i^*) + \ell_i^* \geq w_i(x_i) + \ell_i$$
なお，このとき実現可能配分 $((x_i^*)_{i \in I}, (x_j^*)_{j \in J})$ は**完全競争配分**（perfectly competitive allocation）と呼ばれる。

今，準線形効用関数は**局所非飽和**（local nonsatiation）[9] の性質を持つので，効用最大解は予算制約を等号で満たすことに注意しよう[10]。つまり，予算制約を $\ell_i = p^* \overline{x}_i + \overline{\ell}_i + \sum_{j \in J} \theta_{ij} \pi_j^* - p^* x_i$ と考えてよい。よって (C) は $\ell_i \geq 0$ より，

(C′) 各家計 $i \in I$ において，
$$\overline{\ell}_i + \sum_{j \in J} \theta_{ij} \pi_j^* - p^* x_i^* \geq 0.$$
また $\overline{\ell}_i + \sum_{j \in J} \theta_{ij} \pi_j^* - p^* x_i \geq 0$ を満たすすべての $x_i \geq 0$ に対して，

---

[9] 3次元の非負象限上で定義された効用関数 U^i を考える。すべての非負の3次元ベクトル (x_i, y_i, ℓ_i) と正の実数 ε に応じて，$\|(x_i, y_i, \ell_i) - (x_i', y_i', \ell_i')\| < \varepsilon$ かつ $U^i(x_i, y_i, \ell_i) < U^i(x_i', y_i', \ell_i')$ となるような非負の3次元ベクトル (x_i', y_i', ℓ_i') を見いだせるとき，U^i は局所非飽和（local nonsatiation）を満たすと言われる（記号 $\|a\|$ はベクトル a の大きさを表す）。

[10] 局所非飽和の含意に関しては，たとえば西村(1991, p.104 および p.247)を見よ。

2.3 完全競争均衡

$$w_i(x_i^*) - p^* x_i^* \geq w_i(x_i) - p^* x_i$$

と書き換えられる．差額 $w_i(x_i) - p x_i$ は価格 p と消費量 x_i における家計 i の**消費者余剰**（consumer surplus）と呼ばれる．よって，ある条件の下では効用関数が準線形である家計の効用最大化は，**消費者余剰最大化**（consumer surplus maximization）と同値になる[11]．実現可能配分 $((x_i)_{i \in I}, (x_j)_{j \in J})$ における消費者余剰と X の個人賦存量価値 $(w_i(x_i) - p x_i + p \bar{x}_i)$ の合計[12]と企業利潤 $(p x_j - c_j(x_j))$ の合計の和は，$\sum_{i \in I} x_i = \sum_{i \in I} \bar{x}_i + \sum_{j \in J} x_j$ により，

$$\sum_{i \in I}(w_i(x_i) - p x_i + p \bar{x}_i) + \sum_{j \in J}(p x_j - c_j(x_j)) = \sum_{i \in I} w_i(x_i) - \sum_{j \in J} c_j(x_j)$$
$$= W((x_i)_{i \in I}, (x_j)_{j \in J})$$

であるから，X 部門の総余剰関数となる（これがもともとの総余剰の定義である）．これは，各家計の効用をニュメレールの限界効用で割ったものの合計であったことを思い出そう．したがって，（ニュメレールの限界効用で割って基準化された）全家計の効用の合計は消費者余剰の合計ではなく，消費者余剰と個人賦存量価値の合計と企業利潤の合計の和である．もし商品が企業による生産によってのみ消費者に利用可能ならば，個人賦存量がゼロなので，全家計の効用の合計は消費者余剰の合計と企業利潤の合計の和になる[13]．

以上の準備から次の定理が導ける．

定理（完全競争配分と総余剰最大解）． 部分均衡モデルにおいて，完全競争配分と総余剰最大解は一致する．

---

[11] 効用関数が準線形である家計の効用最大化と消費者余剰最大化の同値性については，本章の附録を参照．
[12] $w_i(x_i) - p x_i + p \bar{x}_i = w_i(x_i) - p(x_i - \bar{x}_i)$ より，$p(x_i - \bar{x}_i)$ は純支出であることに注意．

証明：完全競争配分を $((x_i^*)_{i \in I}, (x_j^*)_{j \in J})$，均衡価格を p^* で表すと，企業の利潤最大化条件「価格＝限界費用」より，各企業 j について $p^* = c_j'(x_j^*)$ が成立する．また，家計の効用最大化条件「価格＝限界支払用意」より，各家計 i について $p^* = w_i'(x_i^*)$ が成立する．したがって，p^* を媒介とし，すべての企業と家計のペアに関して，$c_j'(x_j^*) = w_i'(x_i^*)$ が成立する．そして，完全競争配分は実現可能配分であるから，$\sum_{i \in I} x_i^* = \sum_{i \in I} \bar{x}_i + \sum_{j \in J} x_j^*$ が成立する．以上で得られた条件式は前の章の最後で示した総余剰最大解の式と一致する．証明終．

そして，前の章で述べたように，部分均衡モデルにおいて，X 部門のパレート最適は総余剰最大解と一致する．したがって，定理はもう1つ得られる．

> **定理（厚生経済学の基本定理）．** 部分均衡モデルにおいて，完全競争配分とパレート最適は一致する．

これは「部分均衡モデルにおける厚生経済学の基本定理（welfare theorem of partial equilibrium model）」である．一般均衡モデルにおいては，完全競争配分とパレート最適の包含関係は「厚生経済学の第一基本定理」と「厚生経済学の第二基本定理」という形できっちり区別して述べられる．部分均衡モデルでこの区別がないのは，ひとえにパレート最適が総余剰最大解として経済に1つしかないことによる．したがって，パレート最適が無数にある一

---

13 このような設定のモデル分析を行っている経済学の文献は大変多いが，どう見ても，企業利潤を忘れて，全家計の効用の合計を消費者余剰の合計と同一視しているとしか思えない著述が相当数存在する．ところが，余剰分析の創始者マーシャルがすでにこの誤りを犯していたという疑いをポール・サムエルソン（Paul A. Samuelson）によってかけられていた．根岸（2004）は19章において，この論争を紹介し最後に，「（マーシャルは）この問題の意義を十分に認識していたが，一般向けの議論においては，慎重に考慮した結果，これを無視できると判断したのである」と締めくくる．だが他の人々による過去・現在・未来における「企業利潤忘れ」は同じようには弁護できない．

般均衡モデルにおいては，上のような厚生経済学の基本定理の述べ方では意味を成さない．上の定理で「部分均衡モデルにおいて」という前提は重要である．

最後に「大域的安定性」の定理を思い出そう．総需要曲線が右下がりで総供給曲線が右上がりであれば，どの価格から始まっても価格は均衡価格に収束し，完全競争均衡は達成されるのであった．ということは，完全競争という市場メカニズムは経済をパレート最適に導くことになる．これが「神の見えざる手」と呼ばれるものである．

しかし，これは説明したようにタトヌマン（ワルラス的調整過程）がうまくいけばの話である．ましてや実際の経済では商品の売買で集権的なタトヌマンを行う人も機械もない．商品の多くは売手が思い思いの売値をつけ，買手はそれぞれの買値をもち，それらが見合えば取引を行い，そうでなければ行わないという分権的な意思決定を行っている．価格の修正と取引は同時進行である．

つまり，品切れや売れ残りは現実のものとして現れる．このような現実を「完全競争」の理論はどのくらいうまく説明しているのであろうか．この問いに答える方法が実験である．「神の見えざる手」の実験をどのように行い，これまでどのような結果が得られているか．その紹介は次章で行う．

附録* 一般均衡モデルの中での部分均衡モデル（市場開始後）

完全競争市場である商品 X の市場において，ニュメレール L を X の生産要素とする企業と，L と X を交換する家計の合理的行動を，前章の附録で説明した費用関数と効用関数を用いて説明する．部分均衡モデルにおける企業と家計のそれぞれの行動ルールとして，商品 X の供給関数と需要関数が導かれる．

[1] 供給関数

完全競争市場である商品 X の市場が開かれ，X を生産する各企業は価格受容者であるとする．企業にはニュメレール L の価格（$=1$）と，自分が作る X の価格が市場から与えられ自分では動かせない．このとき各企業 j は価格 p を与件として利潤（$=$ 価格 × 生産量 − 費用）$px_j - c_j(x_j)$ を最大化するように生産量 x_j を選択する．同じ企業でも価格が異なると一般に選択する生産量も異なる．1つの企業がさまざまな価格に応じてどのような生産量を選ぶかは次の関数で表現される．

> **定義．** 価格 p を与件として企業 j の利潤 $px_j - c_j(x_j)$ を最大化する唯一の X の生産量 x_j を与える価格から数量への関数を企業 j の **X の供給関数**（supply function of X）と言う．また縦軸に価格，横軸に数量をとった座標平面における企業 j の X の供給関数のグラフは企業 j の **供給曲線**（supply curve）と呼ばれる．

---

* 本附録には「極限」と「微分」の基本が用いられているので，学習したことがない読者あるいは学習したが今はよくわからない読者は細部にこだわらず読むことを勧める．

ここで注意すべきことは，2つある．利潤を最大化する生産量が存在することと，それが唯一であることの根拠である．限界費用逓増 ($c_j''(x_j)>0$)[14] の条件のもと，完全競争市場の企業の利潤最大化条件は「価格＝限界費用」，つまり $p=c_j'(x_j)$ である．$c_j''(x_j)>0$ ならば，限界費用曲線 $c_j'(x_j)$ は右上がりとなるので，価格 p を与件とした方程式 $p=c_j'(x_j)$ を満たす x_j は唯一となる．これを解くと，$x_j=(c_j')^{-1}(p)$ となる[15]．したがって，以上の設定のもとでは，供給関数は限界費用関数の逆関数である[16]．このような $p=c_j'(x_j)$ となる生産量が存在しない場合として，まずすべての正の x_j に対して，$p<c_j'(x_j)$ となるほど値の小さな価格 p が与えられる場合があるが，このときの利潤最大化行動は生産量0，すなわち生産しないことである[17]．

次にすべての正の x_j に対して，$p>c_j'(x_j)$ となるほど値の大きな価格 p が

---

14 本章の部分均衡モデルの設定では，企業 j の可変費用関数 ν_j は $x_j=F^j(\bar{k}_j,\nu_j(x_j))$ を満たすので，限界可変費用関数は $\nu_j'(x_j)=\dfrac{1}{F_2^j(\bar{k}_j,\nu_j(x_j))}$ と導かれる．$F_{22}^j=\dfrac{\partial^2 F^j}{\partial(\ell_j)^2}$ で F^j の ℓ_j（第2変数）に関する2階の偏導関数（つまり F_2^j の ℓ_j に関する偏導関数）を表し，企業 j の X に対する L の限界生産力逓減 $F_{22}^j(k_j,\ell_j)<0$ を仮定すると，限界可変費用逓増 $\nu_j''(x_j)>0$，つまり限界費用逓増 $c_j''(x_j)$ が成立する．

15 集合 X から集合 Y への関数 f (the function f from the set X to the set Y) とは，集合 X の任意の元に対して集合 Y の1つの元を対応させる写像を意味する．式で書くと「$(\forall x\in X)(f(x)\in Y)$」となる．このとき X は f の**定義域** (domain)，Y は**終集合** (codomain)，$\{y\in Y|(\exists x\in X)(y=f(x))\}$ は f の**値域** (range) と呼ばれる．一般に集合 X から集合 Y への関数 f が**1対1** (one-to-one：$(\forall x,x'\in X)(x\neq x'\Rightarrow f(x)=f(x'))$) で**上への写像** (onto：終集合 Y と f の値域が一致する) であるとき，f^{-1} は関数 f の**逆関数** (inverse function) を意味する．つまり集合 Y の任意の元 y に対して $y=f(x)$ となるような唯一の x は $x=f^{-1}(y)$ と表せる．定義により，集合 X の任意の x に対して $f^{-1}(f(x))=x$，集合 Y の任意の元 y に対して $f(f^{-1}(y))=y$ が成立する．例としては集合 X，Y はともに非負の実数全体，$f(x)=x^2$，$f^{-1}(y)=\sqrt{y}$ がある．

16 この費用関数は L 以外の生産要素の投入量が一定なので，長期の費用関数ではない．価格と生産量の積が可変費用を下回らないことは限界費用逓増により保証されるので，限界費用曲線のすべてが供給曲線と一致する．

与えられる場合があるが，このときは生産すればするほど利潤が増えるので利潤最大化行動は存在しない[18]．このような利潤最大化行動が存在しない価格は便宜上供給関数の定義域から排除する．したがって，限界費用逓増である企業の供給関数は，その定義域上のすべての価格に対して唯一の生産量を与える関数である．

このとき生産量が正の範囲で同企業の供給曲線はその限界費用曲線と一致し，右上がりとなる[19]．先に導かれた費用関数から限界費用関数 c_j'，その逆関数が計算可能な場合はさらに供給関数 s_j が以下のように導かれる．

費用関数 $c_j(x_j) = \beta^{\frac{1}{\alpha_{Lj}}} (\overline{k}_j)^{\frac{\alpha_{Kj}}{\alpha_{Lj}}} (x_j)^{\frac{1}{\alpha_{Lj}}} + f_j$ から導かれる限界費用関数：

$$c_j'(x_j) = \alpha_{Lj}^{-1} \beta^{\frac{1}{\alpha_{Lj}}} (\overline{k}_j)^{\frac{\alpha_{Kj}}{\alpha_{Lj}}} (x_j)^{\frac{1}{\alpha_{Lj}} - 1}.$$

企業 j の X の供給関数：

$$s_j(p) = \beta^{\frac{1}{1-\alpha_{Lj}}} (\overline{k}_j)^{\frac{\alpha_{Kj}}{1-\alpha_{Lj}}} (\alpha_{Lj} p)^{\frac{\alpha_{Lj}}{1-\alpha_{Lj}}}.$$

費用関数 $c_j(x_j) = \beta_{Lj}^{-\frac{1}{\alpha_j}} \left[(x_j)^{\frac{\alpha_j}{\rho_j}} - \beta_{Kj} (\overline{k}_j)^{\alpha_j} \right]^{\frac{1}{\alpha_j}} + f_j$ （ただし，$x_j \geq (\beta_{Kj})^{\frac{\rho_j}{\alpha_j}} (\overline{k}_j)^{\rho_j}$）から導かれる限界費用関数：

17　具体的には，$p < \lim_{x_j \to 0} c_j'(x_j)$ を満たすような p を指す．
18　具体的には，$p < \lim_{x_j \to \infty} c_j'(x_j)$ を満たすような p を指す．なお「生産量∞」というのは解ではない．「∞」は実数ではないからである．
19　詳しく書くと，各企業 j は価格 p を与件として利潤 $px_j - c_j(x_j)$ を最大化するように生産量 x_j を選択する．x_j の関数 $px_j - c_j(x_j)$ は正の x_j で最大のときは極大となり x_j の微分がゼロになるから，$p - c_j'(x_j) = 0$，つまり $p = c_j'(x_j)$ となる．その結果，縦軸に価格，横軸に数量をとった座標平面に価格に応じた利潤最大化の生産量のグラフを描けば，それが「企業 j の供給曲線」であり，正の生産量の範囲では企業 j の限界費用曲線と一致する．

$$c_j'(x_j) = \left(\rho_j \beta_{Lj}^{\frac{1}{\alpha_j}}\right)^{-1} \left[1 - \beta_{Kj}(\overline{k}_j)^{\alpha_j}(x_j)^{-\frac{\alpha_j}{\rho_j}}\right]^{\frac{1-\alpha_j}{\alpha_j}} (x_j)^{\frac{1-\rho_j}{\rho_j}}.$$

これらの企業の供給関数と家計の個別賦存量をすべて集計して得られるのが，下記の概念である．

> **定義．** 商品 X の総供給関数（aggregate supply function of X）S は価格から数量への関数で，各企業 $j \in J$ の X の供給関数 s_j と各家計 $i \in I$ の X の個別賦存量 $\overline{x}_i$ により $S(p) = \sum_{j \in J} s_j(p) + \sum_{i \in I} \overline{x}_i$ と定義される．また縦軸に価格，横軸に数量をとった座標平面における X の総供給関数のグラフは**総供給曲線**（aggregate supply curve）と呼ばれる．

[2] 需要関数

　一方完全競争市場では各家計は価格受容者かつ所得受容者（income taker）である．つまり，財 X の市場が開かれると，家計に対して L の価格 1 と X の価格 p は市場から与えられ，家計の所得もその価格の下で算出される個別賦存量の価値と企業からの利潤の分配の合計額である．

　この所得を L, X の個別賦存量の価値 $\overline{\ell}_i$, $\overline{x}_i$ とその他の所得 m_i に便宜上分けよう．このとき，各家計 i は価格 p と所得 $\overline{\ell}_i + p\overline{x}_i + m_i$ を与件として，予算制約式 $px_i + \ell_i = \overline{\ell}_i + p\overline{x}_i + m_i$ のもとで効用関数の値 $W^i(x_i, \ell_i)$ を最大化するように消費量 (x_i, ℓ_i) を選択する．一般に同じ消費者でも与えられる価格と所得の少なくとも一方が異なると，選択する消費量は異なる．

　また，$W^i(x_i, \ell_i) = w_i(x_i) + \ell_i$ という関数形に注目すれば，予算制約下での効用最大化は，$px_i + \ell_i = \overline{\ell}_i + p\overline{x}_i + m_i$ かつ $\ell_i \geq 0$, つまり $\overline{\ell}_i + m_i + p(\overline{x}_i - x_i) \geq 0$ という予算制約下での $x_i \geq 0$ による消費者余剰 $w_i(x_i) - px_i$ の最大化を意味することがわかる．

ここで，$\overline{l_i}+m_i+p(\overline{x_i}-x_i)\geq 0$ という予算制約なしで消費者余剰 $w_i(x_i)$ $-px_i$ を最大化する $x_i>0$ を考える．こうして求めた x_i が運よく制約 $\overline{l_i}+m_i+p(\overline{x_i}-x_i)>0$，すなわち，$x_i<\overline{x_i}+\dfrac{\overline{l_i}+m_i}{p}$ を満たせば，予算制約下で消費者余剰を最大化する x_i と一致する．このような一致が成立する範囲内で価格 p の変化を考えよう[20]．この x_i は $w_i(x_i)-px_i$ を最大化する $x_i\geq 0$ なので，価格 p が異なると，一般に家計が選択する消費量 x_i も異なる．しかし，価格 p が変化しないと，所得の一部 m_i が「局所的」に（同じ x_i が $x_i<\overline{x_i}+\dfrac{\overline{l_i}+m_i}{p}$ という不等式を満たすように）変化しても，最大化問題の目的関数 $w_i(x_i)-px_i$ の変数に m_i が登場しないので，家計が選択する消費量 x_i は変わらない．

ただし，消費量が変わらないのを保証されるのは，あくまで予算制約なしの消費者余剰最大化の解が予算制約を強い不等式で満たすような「局所的」な所得の変化である．極端な例では，全所得がゼロになれば正の消費量が予算制約を満たすことはありえない．よって上の強い不等式が満たされる価格と所得の範囲では，1つの家計がどのような消費量を選ぶかは次のような価格のみの関数で表現される[21]．

定義． 価格 p を与件として家計 i の消費者余剰 $w_i(x_i)-px_i$ を最大化し，予算制約 $\overline{l_i}+m_i+p(\overline{x_i}-x_i)>0$ を満たす唯一の X の消費量 x_i を与える価格から数量への関数を家計 i の X の**需要関数**（demand function for X）と言う．また縦軸に価格，横軸に数量をとった座標平面における消

---

[20] 厳密には (p,m_i) が $\Delta_i=\{(p,m_i)|p>0\,\&\,m_i\geq 0\,\&\,(\exists x_i>0)\,(p=w_i'(x_i)\,\&\,m_i>w_i'(x_i)(x_i-\overline{x_i})-\overline{l_i})\}$ という集合に属するということである．適当な価格 p に対しても十分高い所得 m_i が与えられると満たされる．

[21] 「準線形の効用関数から導かれる財の需要関数は，効用が線形の財の需要関数を除き所得効果がない」という性質はよく知られているが，これは飽くまで局所的な性質で，大域的な所得の変化（たとえば所得がゼロに近づくような変化）に対しては一般に成立しない．

費者 i の X の需要関数のグラフは家計 i の**需要曲線**（demand curve）と呼ばれる．

ここで供給関数に関するものと同じ問題意識により注意すべきことが2つある．消費者余剰を最大化する消費量が存在することと，それが唯一であることの根拠である．限界支払用意逓減（$w_i''(x_i) < 0$）[22]の条件のもと，完全競争市場の家計の効用最大化条件は「価格＝限界支払用意」，つまりで $p = w_i'(x_i)$ ある．$w_i''(x_i) < 0$ ならば，限界支払用意曲線 $w_i'(x_i)$ は右下がりとなるので，価格 p を与件とした方程式 $p = w_i'(x_i)$ を満たす x_i は唯一となる．これを解くと，$x_i = (w_i')^{-1}(p)$ となる．したがって，以上の設定のもとでは，需要関数は限界支払用意関数の逆関数である[23]．

このような $p = w_i'(x_i)$ となる消費量が存在しない場合として，まずすべての正の x_i に対して，$p > w_i'(x_i)$ となるほど値の大きな価格 p が与えられる場合があるが，このときの消費者の余剰最大化行動は消費量0，すなわち X を消費しないことである[24]．次に $x_i < \bar{x}_i + \dfrac{\bar{\ell}_i + m_i}{p}$ となるすべての正の x_i に対して $p < w_i'(x_i)$ となる小さな価格 p が与えられる場合があるが，このときは $x_i = \bar{x}_i + \dfrac{\bar{\ell}_i + m_i}{p}$ が解となる[25]．

このようなすべての正の x_i に対して $p < w_i'(x_i)$ となる価格は便宜上需要関数の定義域から排除する．したがって，限界支払用意逓減である家計の需要関数は，その定義域上のすべての価格に対して唯一の消費量を与える関数

22　w_i'' で w_i の2階の導関数 $U_{11}^i \equiv \dfrac{\partial^2 U^i}{\partial (x_i)^2}$ で U^i の x_i（第1変数）に関する2階の偏導関数（つまり U_1^i の x_i に関する偏導関数）を表す．家計 i の X の限界効用逓減 $U_{11}^i(x_i, y_i, \ell_i) < 0$ を仮定すると，限界支払用意逓減 $w_i''(x_i) = \dfrac{U_{11}^i(x_i, \bar{y}_i, \ell_i)}{\lambda_i} < 0$ が成立する．

23　m_i の値を所与として (p, m_i) が先の注で定義された Δ_i にすべて属するような価格 p の範囲では，需要曲線は限界支払用意曲線と一致する．

24　具体的には，$p > \lim\limits_{x_i \to 0} w_i'(x_i)$ となるような p を指す．

25　具体的には，$p < \lim\limits_{x_i \to \bar{x}_i + (\bar{\ell}_i + m_i)/p} w_i'(x_i)$ となるような p を指す．

である．このとき X の消費量が正の範囲で同家計の需要曲線はその限界支払用意曲線と一致し，右下がりとなる[26]．先に与えられた効用関数から限界支払用意関数 w'_i，その逆関数が計算可能な場合は需要関数 d_i が以下のように導かれる．

「2次関数＋1次関数」型：

$$w'_i(x_i) = \frac{\alpha_{Xi}}{\lambda_i} - \frac{\beta_{Xi}}{\lambda_i}x_i + \frac{\gamma_i}{\lambda_i}\bar{y}_i$$

$$d_i(p) = \frac{\alpha_{Xi}}{\beta_{Xi}} + \frac{\gamma_i}{\beta_{Xi}}\bar{y}_i - \frac{\lambda_i}{\beta_{Xi}}p$$

ただし，$\alpha_{Xi} > 0$，$\alpha_{Yi} > 0$，$\beta_{Xi} > 0$，$\beta_{Yi} > 0$，$\beta_{Xi}\beta_{Yi} > \gamma_i$．

「コブ・ダグラス関数＋1次関数」型：

$$w'_i(x_i) = \frac{\alpha_{Xi}\beta_i}{\lambda_i}(x_i)^{\alpha_{Xi}-1}(\bar{y}_i)^{\alpha_{Yi}}$$

$$d_i(p) = \left(\frac{\alpha_{Xi}\beta_i}{\lambda_i p}\right)^{\frac{1}{1-\alpha_{Xi}}}(\bar{y}_i)^{\frac{\alpha_{Yi}}{1-\alpha_{Xi}}}$$

ただし，$\alpha_{Xi} > 0$，$\alpha_{Yi} > 0$，$\beta_i > 0$，$\alpha_{Xi} + \alpha_{Yi} < 1$．

「CES関数＋1次関数」型：

$$w'_i(x_i) = \frac{\rho_i\beta_{Xi}}{\lambda_i}\left[\beta_{Xi}(x_i)^{\alpha_i} + \beta_{Yi}(\bar{y}_i)^{\alpha_i}\right]^{\frac{\rho_i}{\alpha_i}-1}(x_i)^{\alpha_i-1}$$

---

[26] 詳しく書くと，各家計 i は価格 p を与件として消費者余剰 $w_i(x_i) - px_i$ を最大化するように消費量 x_i を選択する．x_i の関数 $w_i(x_i) - px_i$ は正の x_i で最大のときは極大となり x_i の微分がゼロになるから，$w'_i(x_i) - p = 0$，つまり $p = w'_i(x_i)$ となる．その結果，縦軸に価格，横軸に数量をとった座標平面に価格に応じた効用最大化の消費量のグラフを描けば，それが「家計 i の需要曲線」であり，ある価格の範囲では家計 i の限界支払用意曲線と一致する．

ただし，$0 < a_i < 1$, $\beta_{Xi} > 0$, $\beta_{Yi} > 0$, $0 < \rho_i < 1$.

これらの個別の需要関数を集計して得られるのが，下記の概念である．

定義． 商品 X の総需要関数（aggregate demand function for X) D は価格から数量への関数で，各家計 $i \in I$ の X の需要関数 d_i により $D(p) = \sum_{i \in I} d_i(p)$ と定義される．また縦軸に価格，横軸に数量をとった座標平面における X の総需要関数のグラフは**総需要曲線**（aggregate demand curve) と呼ばれる．

[参考文献]
西村和雄（1991）『ミクロ経済学』東洋経済新報社．
根岸隆（2004）『経済学史24の謎』有斐閣．
矢野誠（2001）『ミクロ経済学の応用』岩波書店．
Arrow, Kenneth J., and Gerard Debreu (1954), "Existence of an Equilibrium for a Competitive Economy," *Econometrica* 22, 265-290.
Davis, Douglas D., and Charles A. Holt (1993), *Experimental Economics*, Princeton University Press.
Debreu, Gerard (1959), *Theory of Value*, Yale University Press.
Hicks, John R. (1939), *Value and Capital*, Oxford University Press.
Koopmans, Tjalling C. (1947), "Measurement without Theory," *Review of Economics and Statistics* 29 , 161-172.
Marshall, Alfred (1890), *Principles of Economics*, London: Macmillan.
Smith, Vernon L. (1976), "Experimental Economics: Induced Value Theory," *American Economic Review Papers and Proceedings* 66, 274-279.
Walras, Leon (1874), *Elements of Pure Economics*, (Translated by William Jaffe, 1954).

第3章
ダブルオークションによる実験

3.1 「神の見えざる手」をめぐって

　厚生経済学の第一基本定理は，基本的な条件を満たす経済の市場が完全競争であるならば均衡における資源配分はパレート最適であると述べている．この定理は，近代経済学の父アダム・スミス(英)が『国富論』(*The Wealth of Nations*, 1776) で論じた「神の見えざる手」(God's invisible hand)[1] を次のように静学的 (static) な，つまり時間をとめて表現したものだと言われる．

「今市場で扱っている商品は完全競争均衡で取引（購入・販売）されているとします．それは他の商品の数量を一定とすれば，生産面でも消費

---

[1] 原著での表現は "(Every individual) intends only his own gain, and he is in this, as in many other cases, led by an invisible hand to promote an end which was no part of his intention." (*The Wealth of Nations*, Book four, Chapter II) であり，"God" は付かない．よって単に "invisible hand" でも経済学では通じるが，"God hand" では「空手の達人の離れ技」，"hand of God" では「こぶしでボールを叩いてゴールに入れるサッカーの反則技」を指すので経済学では通じない（なお，どちらも "hand" と単数形であることに注意）．

3.1 「神の見えざる手」をめぐって

面でも全くむだのない配分になっています.」

ということだ．しかし，『国富論』の原文は「見えざる手に導かれて（led by an invisible hand）」とある．この「導かれて」という言葉から想起されるのは，最初は目的地にはいない人間が（本人が意図するかしないかにかかわらず）何かに引き付けられて目的地に向かっている場景ではないだろうか．よって，「神の見えざる手」をより忠実に表現するものは完全競争均衡の「大域的安定性」の定理と厚生経済学の第一基本定理を組み合わせた次のような動学的（dynamic）な，つまり時間の流れの中で表現したものであろう．

「今市場で扱っている商品には価格が付いています．その価格に従い今の自分が希望する取引量を正直に言いなさい．もし新しい価格が付いたら，その価格に従い新しく希望する取引量を言いなさい．もし価格の変更が止まったら，商品をその価格に従い実際に取引しなさい．それは生産面でも消費面でも全くムダのない配分になっています．」

両者の相違は，「静学的」と「動学的」という言葉にも表されているように，時間の経過に伴って完全競争均衡が形成される過程が「記述されていないこと」と「記述されていること」である．そして後者で記述されている時間は，部分均衡モデルで考えれば総需要曲線も総供給曲線も動かない長さ，つまり現在論じているもの以外の商品に関する条件，市場に出回っている商品の種類，市場に参加している家計・企業の面々とそれぞれの嗜好・技術，そして各家計が有している資産がどれも変わらないことが要求されている．常識的なところで半日もかかってはならないだろう[2]．そして，さらに取引のゴーサインが出るまで（つまり総需要と総供給が一致するまで）価格の調整が続くことが要求されている．そこで，これらの要求を考え合わせると，完全競争市場の実験について，次のような疑問はわいてこないだろうか．

> Q1．価格は参加者が決めてはいけないのか．
> Q2．取引にはどれくらいの情報が要るのか．
> Q3．最後は総需要と総供給が一致するのか．
> Q4．参加者同士による価格の調整はどのくらいの時間で終わるのか．
> Q5．参加者の人数はどれくらい必要なのか．
> Q6．最後の結果は完全競争均衡なのか．

3.2 ダブルオークションの解説

この6つの疑問に，理論による証明ではなく数え切れないほどの実験の結果から回答する．

> A1．決めて結構です．ただし，他の参加者と結託してはいけません．
> A2．価格と個人の需要量と供給量以外全く要りません．
> A3．一致します．
> A4．取引方式を理解していればとても短いです（だいたい4, 5分の取引を5, 6回，つまり20分から30分かければまず大丈夫です）．
> A5．全員で少なくとも8人（または8チーム），その中で同じ商品の売手は3人（または3チーム）いればよいと思います．

---

[2] 東京の築地魚市場では1時間半で総額20億円の海産物の競売を終えるそうである［マクミラン（2002, p.54)］．この時間の長さを多種類の商品の価格と数量が変更可能な長さとすれば一般均衡モデル，そして列挙したすべての条件が変更可能な長さとすれば世代交代や経済成長まで考慮した通時的一般均衡モデルと解釈できるため，完全競争均衡やパレート最適の意味，それゆえ「神の見えざる手」の意味も異なってくる．アダム・スミスのオリジナルに最も近いと筆者が思うのは，通時的一般均衡モデルである．

3.2 ダブルオークションの解説

> A6. 完全競争均衡への収束が起きます．つまり，同じ状況で取引を繰り返せば，価格の平均は完全競争均衡そのものかそれに非常に近い値になります．また，価格の分散も小さくなっていきます（なお，結果には個人差がございます．あらかじめご了承ください）．

　以上の回答を可能にする取引方式が「ダブルオークション（double auction）」である．発見者は実験経済学の創始者と言われるヴァーノン・スミス（米，2002年ノーベル経済学賞受賞）である．たとえば食材が同じでも調理法が違えばでき上がる料理が違うのと同じように，完全競争均衡への収束は商品がどのような方式で取引されるかによって左右される．
　それでは，このダブルオークションという取引方式を

> 「商品は2種類，うち1種類の単価は常に1円．単価1円の商品を"キャッシュ"，もう1つの商品を"アイテム"と呼ぶ．各自が有するキャッシュとアイテムを交換する．」

という設定で順序立てて説明する．説明にあたっては，実際の実験で被験者に説明するようにできるだけ経済学用語は使わないようにつとめる．
　その前に一言お断りがある．実際「ダブルオークション」と言っても，ヴァーノン・スミスが約50年前に非常に簡単な形で実施して以来，さまざまな人々によって継承され，さまざまな背景（実験目的の相違，実験設備の相違，実験資金の相違，実験者の考え方の相違など）により，世界中で微妙に異なる形で普及しているように感じる（これも調理法と同じである）．ここで紹介するダブルオークションはヴァーノン・スミスと長年の交流があり彼の共同研究者でもあるチャールズ・プロット（米）とともに筆者がカルテク（カリフォルニア工科大学）で何回も実験を行った「MUDA[3]（＝multiple-unit double auction：複数単位ダブルオークション）」という方式に基づく．

以下で，被験者が売値買値などを口で言うにぎやかな「マニュアル実験」と，終始無言で実験室のコンピューターに入力する「オンライン実験」で異なる実験方式を取る部分は［　］で付記する．

なお，1998年のカルテクの実験室のコンピューターにはMUDA専用の同名の「MUDA」という市場実験ソフトウェアが，そして遅くとも2007年のコンピューターからは「MarketScape」という市場実験ソフトウェアが入っており，ネットオークションのように取引が成立した売り注文や買い注文は直ちに画面から消えたり，取引をする度に自動決済して手持ちのキャッシュの額を示したりする便利な機能が備わっていた．

3.3　実験の手順

では，ダブルオークションの実験を行う手順をできるだけ具体的に詳しく書いてみよう．

1　実験の開始時刻になったら，実験者は各被験者（あるいは各チーム）にA，B，Cなどの「ID」（識別名ともいう）を与え，実験のルールブックである「インストラクション」と各自の得点がわかる「得点表」（利得表ともいう）と自分（あるいは自分のチーム）の取引を記入する「記録用紙」を配布し，インストラクションに沿ってルールの説明をする（参考のため，マニュアル実験におけるインストラクションと記録用紙の例を本章附録に掲載した）．

2　得点表は，たとえば縦がアイテムの数量，横がキャッシュの数量とし，それぞれの欄をたどると得点がわかるものなどがよい（表3.1）．

3　「ムーダ」と発音されている．

新世社・出版案内　Mar.2015

経済学新刊

ライブラリ 経済学レクチャー＆エクササイズ 5
レクチャー＆エクササイズ 金融論
森澤龍也 著　　　　　　　　　　　　A5判／248頁　本体2,200円

本書は、金融論をはじめて学ぶ方のための教科書である。構成は、半期15コマの講義に対応するように、「1つの章＝2回分の講義」を想定して、全7章から成っている。内容は、「予習→講義→復習→練習」という学習サイクルを意識した配置とした。大学学部生のみならず、社会に出てから知識を役立てようとする方にもおすすめの一冊である。

コンパクト 経済学ライブラリ 2
コンパクト マクロ経済学 第2版
阪田泰之・中里 透 共著　　　　　　四六判／208頁　本体1,810円

本書は、マクロ経済学の「入門の入門書」として好評テキストの改訂版である。初版刊行後の、リーマン・ショック、アベノミクス、消費税率の引き上げなどの出来事をうけ、最近の経済政策の項目を大幅に改訂し、統計データのアップデートも行っている。見開き・2色刷で読みやすく、初学者や短時間で基礎的知識を整理したい方に最適の一冊。

グラフィック［経済学］9
グラフィック 環境経済学
浅子和美・落合勝昭・落合由紀子 共著　A5判／416頁　本体2,900円

本書は、環境経済学の「ハンドブック」ともいえる入門テキストである。環境経済学の発想に基づく環境問題の受け止め方、また環境問題への科学的な対処法が自然に身に付けられるよう配慮されている。左頁に本文解説、右頁に多数の関連図表・囲み記事を配した左右見開き形式により一層のわかりやすさ、読みやすさを実現した。

はじめて学ぶゲーム理論
鈴木由喜彦 著　　　　　　　　　　　A5判／224頁　本体2,000円

本書は、初めてゲーム理論にふれる方が、そのおもしろさ、有用さを理解できるよう、難しい数式を用いずにわかりやすく解説した入門書である。経済学に限らず身近で社会的に関心の高い問題をとりあげて、それをゲーム理論ではどう考え、どう解くのかを説明していく。ゲーム理論に興味のあるすべての方におすすめの一冊。2色刷。

法学新刊

法学叢書 12
法学叢書 刑法総論
橋本正博 著　　　　　　　　　　A5判／392頁　本体2,800円

刑法総論において基盤となる知識を整理し，必要項目を体系的に解説した基本書。「教場での語り」の雰囲気も残し，読者の日常的な感覚等から理解のヒントが得られるよう配慮している。刑法分野において議論を行うための素養を身に付けたい法学部生・法科大学院生の必携書。

ライブラリ 現代の法律学 A13
刑法総論
小林憲太郎 著　　　　　　　　　　A5判／224頁　本体2,200円

本書は，刑法総論の基本的な教科書である。著者の学問的関心を踏まえ，通説的な立場に基づいて著されている。初学者にとって難解・詳細になりすぎず，また特殊な理論や体系に依拠することのない記述となっている。各種資格試験を目指す方にもおすすめの一冊。2色刷。

新法学ライブラリ 2
憲法 第6版
長谷部恭男 著　　　　　　　　　　A5判／496頁　本体3,350円

定評ある長谷部憲法学テキストの最新版。今回の改訂では，一人別枠方式の合憲性，政党機関紙配布事件および非嫡出子法定相続分に関する最高裁の判決・決定等，法令・判例の動きに即した記述を付加し，幸福追求権，行政権の概念，判例の遡及効の限定など，説明の補充も行った。

ライブラリ 法学基本講義 1
基本講義 憲法
市川正人 著　　　　　　　　　　A5判／440頁　本体3,600円

初学者を配慮し平易な叙述に努め，2色刷として図解も加えた標準的な解説書。憲法の概念と争点を網羅しつつ先端的な論点にもふれ，日本国憲法についての理解，知識を確認，整理するのに好適。特に違憲審査制，違憲審査の判断枠組み・基準の部分の解説を重視している。

グラフィック［法学］2
グラフィック 憲法入門
毛利　透 著　　　　　　　　　　A5判／248頁　本体2,200円

本書は，重要判例と学説を紹介しながら，具体的問題について「立憲主義的に考える」能力を養うことを目指した入門書である。左頁の本文解説部分に対し，右頁に図表やコラムを配した左右見開き形式の2色刷。

表 3.1 ダブルオークションの得点表

		キャッシュ																				
		0	1	2	3	4	5	6	7	8	9	10	11	12	13	14	15	16	17	18	19	20
ア イ テ ム	0	0	1	2	3	4	5	6	7	8	9	10	11	12	13	14	15	16	17	18	19	20
	1	7.5	8.5	9.5	10.5	11.5	12.5	13.5	14.5	15.5	16.5	17.5	18.5	19.5	20.5	21.5	22.5	23.5	24.5	25.5	26.5	27.5
	2	14	15	16	17	18	19	20	21	22	23	24	25	26	27	28	29	30	31	32	33	34
	3	19.5	20.5	21.5	22.5	23.5	24.5	25.5	26.5	27.5	28.5	29.5	30.5	31.5	32.5	33.5	34.5	35.5	36.5	37.5	38.5	39.5
	4	24	25	26	27	28	29	30	31	32	33	34	35	36	37	38	39	40	41	42	43	44
	5	27.5	28.5	29.5	30.5	31.5	32.5	33.5	34.5	35.5	36.5	37.5	38.5	39.5	40.5	41.5	42.5	43.5	44.5	45.5	46.5	47.5
	6	30	31	32	33	34	35	36	37	38	39	40	41	42	43	44	45	46	47	48	49	50
	7	31.5	32.5	33.5	34.5	35.5	36.5	37.5	38.5	39.5	40.5	41.5	42.5	43.5	44.5	45.5	46.5	47.5	48.5	49.5	50.5	51.5
	8	32	33	34	35	36	37	38	39	40	41	42	43	44	45	46	47	48	49	50	51	52
	9	31.5	32.5	33.5	34.5	35.5	36.5	37.5	38.5	39.5	40.5	41.5	42.5	43.5	44.5	45.5	46.5	47.5	48.5	49.5	50.5	51.5
	10	30	31	32	33	34	35	36	37	38	39	40	41	42	43	44	45	46	47	48	49	50

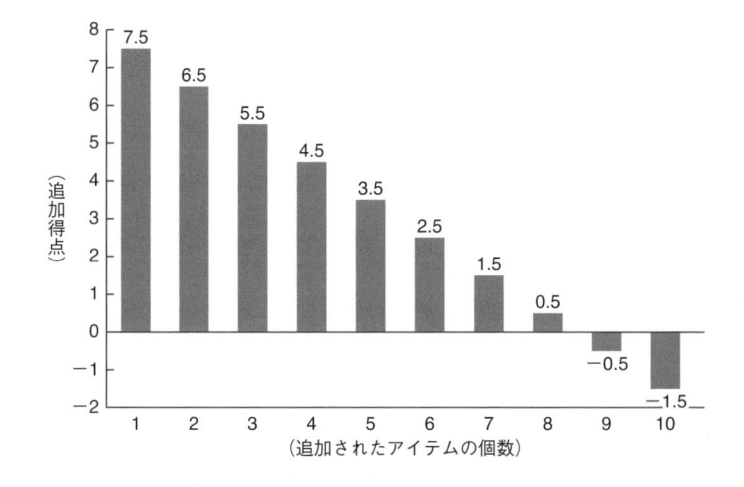

図 3.1 ダブルオークションのアイテム追加1単位に対する追加得点のグラフ

なお，キャッシュ1円の得点を1点に統一し，アイテムの数量ごとの得点がわかるグラフをつけてもよい（図3.1）[4]．ただし，各被験者は他の被験者には自身の得点表の一部または全部を知らせても知られてもいけない．

3 各被験者にスタート時点でのキャッシュとアイテムのそれぞれの割当

が伝えられる［マニュアル実験ならば記録表に記入された数字あるいは異なる色で「キャッシュ」と「アイテム」に区別したカードの枚数で，オンライン実験ならばコンピューターの画面の数字で知らされる］．手元の得点表により，被験者はスタート時点での自分の持ち点が何点か知ることができる．ただし，各被験者は他の被験者には自身の割当の一部または全部を知らせても知られてもいけない．

4 1ラウンドの制限時間が発表されて市場の第1ラウンド開始．各被験者はアイテムについて，売買の別とID・単価・数量をたとえば「売り，A，○円で△個」「買い，B，●円で▲個」と他の被験者全員にアナウンスする［マニュアル実験なら実験者に黒板や投影されているパソコンの画面へ書いてもらい，オンライン実験ならば自分自身で被験者全員が見ているローカルネット掲示板に入力する］．一度行ったアナウンスを取り下げることは禁止される．また一度行ったアナウンスは取引の申し出があったらキャンセルはできない．

5 被験者がアイテムを買う方法は2つある．

① 1つは「買い，B，●円で▲個」などとアナウンスして誰かが「売り」を申し出てくれるのを待ち，一番早く申し出た人と取引することである［「売り」の申し出は，マニュアル実験なら「●円で▲個売りまーす！ Cです！」

---

4 このグラフは，アイテムの1個目は7.5点，2個目は6.5点，3個目は5.5点，…という意味を表す．もし最初手元のアイテムが0個ならば，アイテムを獲得するごとに，7.5＋6.5＋5.5と点数は加点されるが，9個目は−0.5点，10個目は−1.5点なので，9個目からは減点される．もし最初手元のアイテムが2個ならば，すでにアイテムによる持ち点は7.5（1個目の得点）＋6.5（2個目の得点）＝14で，1個（3個目）獲得すると5.5点（3個目の得点）加点され，1個（2個目）失うと6.5点（2個目の得点）減点される．つまりアイテムを持つのは8個が最適である．（これを被験者が自分で見破ると高得点が狙える．）

などと叫んで実験者に向けて挙手する．オンライン実験ならば気に入った「買い」の書き込みをクリックする］．

② もう1つは「売り，A，○円で△個」などのアナウンスの中で気に入ったものを早い者勝ちで取ることである［マニュアル実験なら「○円で△個買いまーす！ Bです！」などと叫んで挙手，オンライン実験ならば気に入った「売り」の書き込みをクリックする］．

なお，後者の選択を行う場合，すでに「買い，B，●円で▲個」などをアナウンスしていた場合は，ダブルブッキングを避けるためアナウンスを取り下げてから行わなければならない．また前者の場合も後者の場合も，手持ちのキャッシュが「単価 × 買いたい個数」の金額分持っていなければならず，ツケは禁止である．

6 被験者がアイテムを売る方法も2つある．

① 1つは「売り，A，○円で△個」などとアナウンスして誰かが「買い」を申し出てくれるのを待ち，一番早く申し出た人と取引することである．

② もう1つは「買い，B，単価●円で▲個」などのアナウンスの中で気に入ったものを早い者勝ちで取ることである．

なお，後者の選択を行う場合，すでに「売り，A，○円で△個」などをアナウンスしていた場合は，ダブルブッキングを避けるためアナウンスを取り下げてから行わなければならない．また前者の場合も後者の場合も，手持ちのアイテムの個数が応じた取引の分は持っていなければならず，カラ売りは禁止である．

7 アイテムを買い過ぎた場合の転売，売り過ぎた場合の買戻しも，相手

が誰であれ取引が成立する限り自由に行ってよい．なお，この転売や買戻しも含め，取引が成立したときのアイテムの価格はすべて記録する[マニュアル実験では手書きで，オンライン実験ではコンピューターが自動的に行う]．

8 制限時間いっぱいで市場の第1ラウンドが終了．各被験者は終了時の手持ちのキャッシュとアイテムの数量でこのラウンドでの自身の得点を知る．これらの数量と得点は1つのラウンドの終了時のもののみ記録する．

9【重要】 上の**2**と全く同じ状態に戻る．つまり，キャッシュとアイテムのそれぞれの割当はスタート時点の数量にリセットされる．そして，第2ラウンドに入る．以後同じプロセスを実験の終了時刻の少し前まで繰り返す．休憩は実施者の判断で適宜はさんでよい．1つのラウンドにかける時間も実施者の判断で適宜変更してもよいが，新しいラウンドに入る前に「次のラウンドは××分です」とあらかじめ断ること．

10 終了時刻の少し前に「これが最後です」と宣言して最後のラウンドを終える．全ラウンドの得点を何らかの形で加工した数値（たとえば，合計，平均，ランダムに選んだラウンドの得点など）をその被験者の最終得点とする．

11 最終得点から評価する実験の成績は，最終得点がトップの者あるいは上位数名だけが表彰されるようなものであってはならない．参加者全員に得点によるランキングをつけるとか得点がある公式で賞金に変換されるなど，原則は個人の得点が高ければ高いほど各自がより高い評価を受けるもの（インセンティブ評価と呼ばれる）であり，実験者は実験開始時に被験者にインセンティブ評価であることを通知する必要がある[5]．

実験の手順，おわかりだろうか．大学教員用の試験監督手引きに授業の履

修要項の成績評価方法がくっついたような感じであるが，冗談抜きで試験と似ている部分は非常に多い（カルテクでも普段は陽気な人間が実験のときはナーバスになる光景を何回も見た）[6]．

なお実験を行うときは問題ないのだが，このダブルオークションの説明をセミナー等で話すとき，しばしば聞き手に認識されないのが，上の**9**である．新しいラウンドに入るときは，手元にあるキャッシュとアイテムは前のラウンドの終了状態ではなく，実験の開始状態にリセットする．つまり，1つのラウンドの終了は，相撲の水入りではなく，ボクシングのゴングであると理解して頂きたい．

以上のダブルオークションの説明を見ることで，もう一度最初の6つのQ&Aを考えてみよう．A1とA2が正しいことは実験の方式から明らかである．A3も，需要と供給が一致したものしか取引しないので，正しい．A4，A5，A6はどうか．これは過去のデータを信じるしかない，という消極的な態度ではいけない．表3.1，本章附録のインストラクションと記録用紙を使い，説明した手順でマニュアル実験を実施してみよう（附録のイラストはイメージである）．確認事項および追加事項としては

- まず次章の4.1の実験をやって頂きたい．
- 8人（あるいは8チーム）を1市場とし買手5人，売手3人とする（市場はいくつ作ってもよいが，各市場に必ず1人の実験者が必要）．
- アイテムとキャッシュのカードを用意する必要はない．
- 第4ラウンドで売手のアイテムの数が8個から13個に変わるがこれ

---

[5] 「原則は」と書いたのは，得点が非常に低い被験者が複数出た場合に，得点が同じでなくても，あらかじめ決めておいた最低額の謝金（つまり同額）を支払う場合があることによる．

[6] 実際，「実験」は台湾では「試験」と言うそうである（「試験管」や「試験紙」というのはそれからきているのだろうか）．中国大陸ではやはり「実験」だそうだ．なお，日本語で言う「試験」は台湾でも中国でも「考試」と言うそうである．

> は 2 人の売手の変化で，もう 1 人の売手のアイテムの数は 8 個から 14 個に変わる．

を押さえておく．

興味を持った読者は是非実験を行って，ラウンドごとの成立価格のデータと平均，できれば実験で気づいたことや感想などを添えて，experiment@rieb.kobe-u.ac.jp にメールで送って頂ければ有難い．もし読者の皆さんの実験に「神の見えざる手」が降臨したとき達成される価格がいくらかは本章で書くことはやめておこう．次章で筆者の実験結果の紹介とともに発表する．

3.4 実験経済学を生んだ 2 つの実験

国民的映画とも言われる『男はつらいよ』で故渥美清さんが演じるフーテンの寅さんが的屋の口上として言う有名な台詞に

「ものの始まりが一ならば，国の始まりが大和の国」

というのがある．寅さんならば「経済学者の始まりがアダム・スミスならば，実験経済学者の始まりがヴァーノン・スミス．」と言うであろうと思われるほど，実験経済学の誕生に際して，ヴァーノン・スミスが果たした役割はあまりにも大きい．彼が実験により発見したダブルオークションと完全競争の同値性からは，事実解明的（positive）含意と規範的（normative）含意の両方が得られる[7]．

まず前者であるが，タトヌマンを行う競売人がおらず市場の参加者が自由に売値買値を付けられる状況でも完全競争均衡が達成されるにはどのような条件が揃えばよいかを実験の設定は明確に示している．それらの条件とは

---

[7]「事実解明的（positive）」の訳は奥野・鈴村（1988, p.269）による．

3.4 実験経済学を生んだ2つの実験

> 1．個人の目的は自己の資産から稼得可能な自己便益の最大化
> 2．個人情報（選好や資産）の保護
> 3．市場情報（価格・需要量・供給量）の公開
> 4．ある程度の参加者数
> 5．ある程度の同じ状況（参加者，それぞれの選好・資産）での取引の経験

である．そして，ヴァーノン・スミスは，他の参加者の個人情報，市場の（需要「量」・供給「量」でなく）需要関数や供給関数に関する知識や理解，同じ状況での豊富な取引の経験は，取引方式がダブルオークションであれば市場参加者には一切不要である，と言い切っている［Smith（1976a, p. 57）］[8]．そして，生身の人間（もっぱら学生）を用いたダブルオークションの実験結果により，「現実の人間はそこまで合理的か」とか「普通の人間にそこまで計算能力があるか」という批判によって疑われる完全競争均衡の妥当性を弁護することができる[9]．

次に後者であるが，完全競争配分はパレート最適であることから，ダブルオークションで取引すれば，私的所有権を侵さず個人情報を用いることなく市場情報の公開のみにより資源配分がパレート最適へ収束することを意味する．つまり，市場制度を整備すれば，効率的な資源配分が分権的かつ情報節約的に達成可能であることを教えてくれる．

このような見事な研究が結実し，論文として公刊されるまでには，当時実験研究が「きわもの」であったにもかかわらず，いくつかの偶然が重なるという強運がヴァーノン・スミスにめぐってきたことはノーベル賞受賞後いく

---

[8] Davis & Holt（1993, p. 42）はこの主張が Smith（1976b）にあるとしているが，Smith（1976a）の誤りである．
[9] この文は別に学生が「合理的でない」とか「計算能力が低い」とか言っているわけではない．

つかの記事に綴られ，ヴァーノン・スミス本人の講演や経済学者間のエピソードとしても語られている[10]．その中で特に筆者の心に残ったことを本章の最後に記しておきたい．

それは，ヴァーノン・スミスに直接間接に関わった2人の経済学者についてである．1人はエドワード・チェンバリン（米，当時ハーバード大学教授）である．独占的競争市場の理論の創始者としてつとに有名である．彼は売手と買手が歩き回って取引相手を探し交渉するというマニュアル実験を行った結果，成立価格の平均が完全競争均衡にならなかったことにより分権的な市場の不完全性を主張した論文を書いた［Chamberlin（1948）］．ヴァーノン・スミスは当時ハーバード大学の大学院生で偶然この実験に参加した．そして同級生と一緒にこの実験のことをこき下ろしたそうである．ところが，何年も経ち，彼が大学院を卒業してパデュー大学で教えていた1955年に突然この実験を思い出し，「価格と需要と供給の情報が公開され，同じ実験を何回か繰り返すことで被験者にある程度の学習をさせたらどうなるか」と考えた．この着想により彼はダブルオークションという実験方式を設計，実験の結果成立価格の完全競争均衡への収束のデータを得て論文"An Experimental Study of Competitive Market Behavior"をまとめた．つまり，チェンバリンが実験を行ったことが，ヴァーノン・スミスの実験につながったのである．

そしてもう1人は，ハリー・ジョンソン（加，当時シカゴ大学教授）である．彼は53歳で若くして亡くなるまで，500本を超える専門論文と40冊を超える著書を書いた国際経済学者として有名であるが，ヴァーノン・スミスの論文がジャーナル・オブ・ポリティカルエコノミー（Journal of Political Economy，JPEと略される）に掲載されたときの同誌の編集長である．彼はヴァーノン・スミスの論文に付いた3人のレフェリーの審査結果がすべて「不採択」あったにもかかわらず，編集長の判断で「採択」とした．それば

10　西條（2003），*Economic Principals*, October 13, 2002 など．

かりか，この論文を掲載号の巻頭論文［Smith（1962）］としたのである[11]．ヴァーノン・スミスのチェンバリンとの出会いの重要性は，彼がこの論文に書いていることもあってしばしば語られる．しかし，筆者は個人的に，ジョンソンとの出会いの重要性を強調したい．ジョンソンが，若く無名であったヴァーノン・スミスの論文に対しこのような扱いをしたことは，今となっては「先見の明」と言えるが，当時としては「バクチ」だったのではないだろうか．ジョンソンが行ったこの決断こそ JPE という超一流誌を使った「実験」だったと言えよう．

[参考文献]

奥野正寛・鈴村興太郎（1988）『ミクロ経済学Ⅱ』，岩波書店．

西條辰義（2003）「ヴァーノン・スミス——実験手法を切り拓いたパイオニア」経済セミナー1月号，72-78．

マクミラン，ジョン［McMillan, John］（2002）「オークションとは何か」（訳：安藤至大）経済セミナー6月号，54-60．

Chamberlin, Edward H. (1948), "An Experimental Imperfect Market," *Journal of Political Economy* 56, 95-108.

Concise Encyclopedia of Economics, "*Biography of Harry Gordon Johnson* (1923-77)," (http://www.econlib.org/library/Enc/bios/Johnson.html).

Davis, Douglas D., and Charles A. Holt (1993), *Experimental Economics*, Princeton University Press.

Warsh, David L. (2002), "The Vital Many," *Economic Principals*, October 13, 2002, (http://www.economicprincipals.com/issues/02.10.13.html).

Smith, Vernon L. (1962), "An Experimental Study of Competitive Market Behavior," *Journal of Political Economy* 70, 111-137.

—— (1976a), "Bidding and Auctioning Institutions: Experimental Results," in Y. Amihud (ed.) *Bidding and Auctioning for Procurement and Allocation*, New York University Press, 43-64.

—— (1976b), "Experimental Economics: Induced Value Theory," *American Economic Review Papers and Proceedings* 66, 274-279.

---

11 Warsh (2002).

附録　インストラクションと記録用紙

〈実験者によるアナウンス〉「ただいまから，市場取引の実験を行います．このインストラクションにそって実験のルールを説明しますので，よく聞いてください．質問がある方は，説明が最後まで終わってから挙手してください．説明を聞きながら，配布資料に書き込みをしても結構です．」

インストラクション

1．まず「得点表」，「記録用紙」と書いた紙がそれぞれ1枚ずつあることを確かめてください．記録用紙に書いてある「ID」とは，あなたのチームの名前です．ID にはA，B，Cなどのアルファベットを使います．もし「Z」と書いてあったら，あなたはZチームです．

　次に表，裏にそれぞれIDと「売」という字，IDに「買」という字が書かれた紙が入ったファイル1枚があることを確かめて下さい．もしあなたがZチームならば，紙の片面には「Z売」，もう一方の面には「Z買」と書いてあります．

2．この実験ではある1種類の品物とお金の取引を行います．この品物を「アイテム」，お金を「キャッシュ」と呼びます．得点表（57頁）は，縦にアイテムの量，横にキャッシュの量が書いてあります．アイテムの量とキャッシュの量のそれぞれの欄をたどると対応する得点がわかります．みなさんは他のチームの被験者には，自分のチームの得点表の一部または全部の情報を知らせても知られてもいけません．

3．みなさんには，アイテムかキャッシュのどちらかあるいは両方が割り当てられています．それぞれいくら割り当てられているかは，記録用紙の一番

上の行に書かれています．実際は何も配られていませんが，頭の中で配られていると考えてください．みなさんは他のチームの人に，自分のチームの割当を知らせても知られてもいけません．なお，みなさんは，アイテムとキャッシュの割当から開始時の得点を知ることができます．得点表で開始時の得点を確認してください．そして取引をすることでなるべく得点を増やしてください．

4．では第1ラウンドの取引について説明します．取引時間は4分間です．もしあなたがZチームならば，同じチームの人とアイテムを「売るか買うか」「単価何円で何個」を決め，売りたければファイルの「Z売」の面を，買いたければ「Z買」の面を，なるべく早く実験者（前に立っている人）に見せてください．実験者はいちばん最初に見せたと判定した人を指名します．

　指名されたら，「ID，売買の別，単価と量」を実験者にも他の人たちにも聞こえるように言って下さい．たとえば「Z，売り，5円で10個」は「Zチームは1個5円で10個売りたい」の意味です．「Z，買い，4円で6個」は「Zチームは1個4円で6個買いたい」の意味です．1個当りの単価は整数に限ります．これがあなたのオファーになります．

　一度出したオファーを取り下げることはできません．また一度出したオファーは取引の申し出があったらキャンセルはできません．

5．みなさんがアイテムを買う方法は2つあります．
　① 1つは「Z，買い，●円で▲個」のようにあなたが出した「買い」のオファーに対して誰かが「売り」を申し出てくれるのを待ち，実験者が一番早く申し出たと判定した人と取引することです．「売り」を申し出るチーム（Vとします）は，ファイルの「V売」を実験者に見せ「売ります！」と申し出てください．
　② もう1つは他のチーム（Wとします）のオファー「W，売り，〇円で△個」をあなたのチームが気に入ったら早い者勝ちで買うことです．

(実験の風景）丸く囲まれているオファーは取引が成立したことを表す．矢印はアイテムがどのチームからどのチームへ売られたかの動きを表す．被験者たちが掲げているファイルには表と裏があり，実験者には「Z買」と「V売」の面が見えている．なので，実験者は「V売」と板書している．

「買い」を申し出るときは，ファイルの「Z買」を実験者に見せ「買います！」と叫んでください．

いずれの場合も，手持ちのキャッシュの量が，支払う金額分以上でなければなりません．

6．みなさんがアイテムを売る方法も2つあります．
 ① 1つは「Z，売り，○円で△個」のようにあなたが出した「売り」のオファーに対して誰かが「買い」を申し出てくれるのを待ち，実験者が一番早く申し出たと判定した人と取引することです．「買い」を申し出るチーム（Vとします）は，ファイルの「V買」を実験者に見せ「買います！」と申し出てください．
 ② もう1つは他のチーム（Wとします）のオファー「W，買い，●円で▲個」をあなたのチームが気に入ったら早い者勝ちで売ることです．
「売り」を申し出るときは，ファイルの「Z買」を実験者に見せ「売ります！」と叫んでください．

いずれの場合も，手持ちのアイテムの量が，応じた取引の分以上でなければ

なりません．

7．アイテムを買い過ぎた場合の転売，売り過ぎた場合の買戻しも，取引時間内で自由に行って結構です．なお，ある取引が成立したら，その瞬間に取引が成立したオファーの前に出ていた未成立のオファーは「売り」も「買い」もすべて無効になります．

8．第1ラウンド（4分間）が終了したら，みなさんは終了時の手持ちのアイテムとキャッシュの数量で得点がわかります．この終了時の得点から開始時の得点を引いた値が第1ラウンドの得点です．第1ラウンド終了時に，記録用紙に記録してください．

9．次の第2ラウンドでは，第1ラウンドのスタート時と全く同じ状態に戻ります．つまり，みなさんのアイテムとキャッシュのそれぞれの割当はスタート時点の数量にリセットされます．そして，第2ラウンドに入ります．あとは第1ラウンドと全く同じです．

10．以後同じことの繰り返しです．実験を何ラウンド行うかは決めていませんが，最終ラウンドでは開始前に「これが最後です」とアナウンスします．配布資料は最終ラウンドの記録の後すべて回収します．総合評価はすべてのラウンドの得点の合計で行い，資料回収後に最下位のチームから順に1位のチームまで，チーム名と合計点を発表します．

〈実験者によるアナウンス〉「では今から5分間，チームでルールを確認してください．質問のある方は挙手してください．」

記録用紙

ID [Z]

第1ラウンド

取引	アイテム 買い		アイテム 売り		アイテムの数	キャッシュの量	得点
	アイテム購入数	キャッシュ 支出	アイテム販売数	キャッシュ 収入			
0					0	16	
1							
2							
3							
4							
5							
6							
7							

第1ラウンド終了時の得点－第1ラウンド開始時の得点＝[ ]

第2ラウンド

取引	アイテム 買い		アイテム 売り		アイテムの数	キャッシュの量	得点
	アイテム購入数	キャッシュ 支出	アイテム販売数	キャッシュ 収入			
0					0	16	
1							
2							
3							
4							
5							
6							
7							

第2ラウンド終了時の得点－第2ラウンド開始時の得点＝[ ]

第3ラウンド

取引	アイテム 買い		アイテム 売り		アイテムの数	キャッシュの量	得点
	アイテム購入数	キャッシュ 支出	アイテム販売数	キャッシュ 収入			
0					0	16	
1							
2							
3							
4							
5							
6							
7							

第3ラウンド終了時の得点－第3ラウンド開始時の得点＝[ ]

第4ラウンド

取引	アイテム 買い		アイテム 売り		アイテムの数	キャッシュの量	得点
	アイテム購入数	キャッシュ 支出	アイテム販売数	キャッシュ 収入			
0					0	16	
1							
2							
3							
4							
5							
6							
7							

第4ラウンド終了時の得点－第4ラウンド開始時の得点＝[ ]

第5ラウンド

取引	アイテム 買い		アイテム 売り		アイテムの数	キャッシュの量	得点
	アイテム購入数	キャッシュ 支出	アイテム販売数	キャッシュ 収入			
0					0	16	
1							
2							
3							
4							
5							
6							
7							

第5ラウンド終了時の得点－第5ラウンド開始時の得点＝☐

第6ラウンド

取引	アイテム 買い		アイテム 売り		アイテムの数	キャッシュの量	得点
	アイテム購入数	キャッシュ 支出	アイテム販売数	キャッシュ 収入			
0					0	16	
1							
2							
3							
4							
5							
6							
7							

第6ラウンド終了時の得点－第6ラウンド開始時の得点＝☐

第7ラウンド

取引	アイテム 買い		アイテム 売り		アイテムの数	キャッシュの量	得点
	アイテム購入数	キャッシュ 支出	アイテム販売数	キャッシュ 収入			
0					0	16	
1							
2							
3							
4							
5							
6							
7							

第7ラウンド終了時の得点－第7ラウンド開始時の得点＝☐

実験に関するコメント
（何でもお書きください）

＊被験者の情報は研究以外の目的で用いられることはございません．研究結果やコメントを公開するときも被験者の氏名はすべて匿名です．

記録用紙

ID [V]

第1ラウンド

取引	アイテム 買い		アイテム 売り		アイテムの数	キャッシュの量	得点
	アイテム購入数	キャッシュ 支出	アイテム販売数	キャッシュ 収入			
0					8	0	
1							
2							
3							
4							
5							
6							
7							

第1ラウンド終了時の得点−第1ラウンド開始時の得点＝[ ]

第2ラウンド

取引	アイテム 買い		アイテム 売り		アイテムの数	キャッシュの量	得点
	アイテム購入数	キャッシュ 支出	アイテム販売数	キャッシュ 収入			
0					8	0	
1							
2							
3							
4							
5							
6							
7							

第2ラウンド終了時の得点−第2ラウンド開始時の得点＝[ ]

第3ラウンド

取引	アイテム 買い		アイテム 売り		アイテムの数	キャッシュの量	得点
	アイテム購入数	キャッシュ 支出	アイテム販売数	キャッシュ 収入			
0					8	0	
1							
2							
3							
4							
5							
6							
7							

第3ラウンド終了時の得点−第3ラウンド開始時の得点＝[ ]

第4ラウンド

取引	アイテム 買い		アイテム 売り		アイテムの数	キャッシュの量	得点
	アイテム購入数	キャッシュ 支出	アイテム販売数	キャッシュ 収入			
0					13	0	
1							
2							
3							
4							
5							
6							
7							

第4ラウンド終了時の得点−第4ラウンド開始時の得点＝[ ]

第5ラウンド

取引	アイテム 買い		アイテム 売り		アイテムの数	キャッシュの量	得点
	アイテム購入数	キャッシュ支出	アイテム販売数	キャッシュ収入			
0					13	0	
1							
2							
3							
4							
5							
6							
7							

第5ラウンド終了時の得点−第5ラウンド開始時の得点＝☐

第6ラウンド

取引	アイテム 買い		アイテム 売り		アイテムの数	キャッシュの量	得点
	アイテム購入数	キャッシュ支出	アイテム販売数	キャッシュ収入			
0					13	0	
1							
2							
3							
4							
5							
6							
7							

第6ラウンド終了時の得点−第6ラウンド開始時の得点＝☐

第7ラウンド

取引	アイテム 買い		アイテム 売り		アイテムの数	キャッシュの量	得点
	アイテム購入数	キャッシュ支出	アイテム販売数	キャッシュ収入			
0					13	0	
1							
2							
3							
4							
5							
6							
7							

第7ラウンド終了時の得点−第7ラウンド開始時の得点＝☐

実験に関するコメント（何でもお書きください）　＊被験者の情報は研究以外の目的で用いられることはございません．研究結果やコメントを公開するときも被験者の氏名はすべて匿名です．

ed # 第4章 経済モデルと実験結果

4.1 実験の背景

　前章ではダブルオークションのマニュアル実験の一例を紹介した．色紙を切ったカードをモノとおカネに見立てて被験者に配布，値段が合意に達したら交換する．原理はそれだけである．

　小学1年生の算数セットを使った「お店屋さんごっこ」と同じじゃないか！

　そう思う読者がいて当然である．ところが違うのである．実験には，背後にモデルがあり「お客さん」と「お店屋さん」に何が知らされ，何が知らされないかと言うことが明確に区別されている．ではそれを明らかにするため，背後のモデルの「基礎条件（fundamentals）」と「情報構造（informational structure）」を解説することで実験の種明かしをしよう．紹介した実験は次のような経済モデルを考察しようとしたのである．

[1] 基礎条件

　まずここでの基礎条件とは，取引される商品の種類，家計の選好と資産，そして企業の技術という私的所有経済のモデルで書ける経済の構成要素を指

4.1 実験の背景

す．これらが正確に把握できれば，どんな商品がどのような過程を経てどれくらいの費用をかけて市場に提供されるのか，どんな人たちが商品と利益の所有権を持つのか，どんな人たちが商品をどれくらい欲しがっているのかを均衡概念に従って予測できる．

　商品は X と L（ニュメレール）の2種類のみなので，部分均衡モデルで表現可能である．実験では X を「アイテム」, L を「キャッシュ」と呼んだ．家計の集合を I とする．個々の家計は X と L の両方を消費するが，取引が始まる前の時点では，X のみを有する者と L のみを有する者だけが存在する．生産過程は考えず，ある期間の取引が終わり X や L を手放しても，次の期間の取引が始まるときには，前の取引が始まる前の時点と全く同量の X または L が割り当てられる（山と海のそれぞれで日々安定した収穫が得られるヤマサチヒコとウミサチヒコがそれぞれ複数いる状況を考えればよい）．

　したがって，この経済は企業が登場しない「交換経済（exchange economy）」であり，各家計のポートフォリオは X と L の個別賦存量のみからなる．交換経済は私的所有経済の特別なケースと考えることもできるが，家計の所得分配を決める要素は企業の利潤が登場しないので「資産分配」という言い方よりも，一般には商品の「初期配分（initial allocation）」という言い方のほうが馴染んでいる[1]．家計 i への割り当てを $(\bar{x}_i, \bar{\ell}_i)$ で表せば，初期配分はすべての家計への割り当てのリスト $(\bar{x}_i, \bar{\ell}_i)_{i \in I}$ で表せる[2]．交換経済の「実現可能配分」は，生産がないので簡単に言って初期配分の分け直しである．

　そして，すべての家計は $w_i(x_i) + \ell_i$ という準線形効用関数を有すると仮定

---

[1] 企業の技術をすべて「規模に関して収穫不変（constant returns to scale）」と仮定すれば，企業利潤の分配は家計から提供された経営資源への報酬として説明できるので，分配率を導入する必要はない．したがって，生産を考えるときでも経営資源を含む商品の初期分配のみで市場が開かれる前の家計の私的所有権はすべて記述されていると考えてよい．詳しくは，McKenzie（1959），Debreu&Scarf（1963）を見よ．

し市場を考えよう．X の価格を p，L の価格を 1 とすれば，家計 i の所得は初期の商品割り当ての資産価値 $m_i = p\bar{x}_i + \bar{\ell}_i$ で表せる．この市場で完全競争の諸条件が成立すると，価格を所与としてすべての家計は各自の予算制約 $px_i + \ell_i \leq p\bar{x}_i + \bar{\ell}_i$ のもと効用 $w_i(x_i) + \ell_i$ を最大化しようとする．ここで考えている効用関数は準線形なので局所非飽和の性質を持ち，最大解は予算制約を等号で満たす．つまり $\ell_i = p\bar{x}_i + \bar{\ell}_i - px_i$ と考えてよいので，完全競争均衡における予算制約と効用最大化条件はそれぞれから ℓ_i が消去された形で，

- 各家計 i において，$p^*\bar{x}_i + \bar{\ell}_i - p^*px_i^* \geq 0$
- 各家計 i において，$p^*\bar{x}_i + \bar{\ell}_i - p^*px_i \geq 0$ を満たすすべての $x_i \geq 0$ に対して，

$$w_i(x_i^*) - p^*x_i^* \geq w_i(x_i) - p^*x_i$$

と書き換えられる[3]．

以上の比較的一般的な設定に加えて 8 名の被験者をふまえ次のような特定

---

2 きちんと定義すると次のようになる：
定義．初期配分 (initial allocation) とは非負の実数の組 $(\bar{x}_i, \bar{\ell}_i)_{i \in I}$ で，$\sum_{i \in I} \bar{x}_i = \bar{x}$，$\sum_{i \in I} \bar{\ell}_i = \bar{\ell}$ を満たすものである．このとき，$\bar{x}_i$，$\bar{\ell}_i$ はそれぞれ家計 i が有する X，L の個別賦存量 (individual endowment) を表し，$(\bar{x}_i, \bar{\ell}_i)$ は家計の初期保有ベクトル (vector of initial holdings) と呼ばれる．実現可能配分 (feasible allocation) とは非負の実数の組 $(x_i, \ell_i)_{i \in I}$ で，$\sum_{i \in I} x_i = \bar{x}$，$\sum_{i \in I} \ell_i = \bar{\ell}$ を満たすものである．特にこのような $(x_i)_{i \in I}$ は X 部門の実現可能配分 (feasible allocation for X-sector) と呼ばれる．
3 きちんと定義すると次のようになる：
定義．初期配分 $(\bar{x}_i, \bar{\ell}_i)_{i \in I}$ を有する交換経済の X 部門の完全競争均衡 (perfectly competitive equilibrium for X-sector of an exchange economy with the initial allocation $(\bar{x}_i, \bar{\ell}_i)_{i \in I}$) とは X 部門の実現可能配分 $(x_i^*)_{i \in I}$ と価格 p^* の組で以下の条件を満たす非負の $(\ell_i^*)_{i \in I}$ が存在するものである：
(C1) 各家計 i において，$p^*x_i^* + \ell_i^* = p^*\bar{x}_i + \bar{\ell}_i$，(C2) $p^*x_i + \ell_i \leq p^*\bar{x}_i + \bar{\ell}_i$ を満たすすべての $(x_i, \ell_i) \geq (0, 0)$ に対して，$w_i(x_i^*) + \ell_i^* \geq w_i(x_i) + \ell_i$．
(実験のときは，家計の名前が ID になるので，家計の名前は 1, 2, 3…でなく，A，B，C…になる．)

化を行う:

- 全家計の集合: $I = \{1,2,3,4,5,6,7,8\}$
- L のみを有する家計の集合: $\{1,2,3,4,5\}$
- L のみを有する家計の個別賦存量: $\overline{x}_i = 0$, $\overline{\ell}_i = 16$, $i \in \{1,2,3,4,5\}$
- X のみを有する家計の集合: $\{6,7,8\}$
- X のみを有する家計の個別賦存量: $\overline{x}_i = 8$, $\overline{\ell}_i = 0$, $i \in \{6,7,8\}$
- 効用関数: $w_i(x_i) + \ell_i = 8x_i - \frac{1}{2}(x_i)^2 + \ell_i$

このモデルではすべての家計は同一の準線形効用関数を有すると仮定する．したがって，一般の交換経済はそうとは限らないが，このモデルでは好みが全く同じ人々が違うモノを持っている状態からスタートする．つまり，各人の好みも持ち物も違うモデルを考える前に，持ち物だけを変えるのである．

それでは，均衡価格の理論値を慎重に求めてみよう（なぜ「慎重に」なのかは理由がある）．まず予算制約より，$x_i \leq \overline{x}_i + \frac{\overline{\ell}_i}{p}$ でなければならない．そして効用最大化行動に従えば，各家計 i は価格 p を定数とみなし，x_i の 2 次関数 $w_i(x_i) - px_i = (8-p)x_i - \frac{1}{2}(x_i)^2$ を $0 \leq x_i \leq \overline{x}_i + \frac{\overline{\ell}_i}{p}$ の範囲で最大にするように x_i を選ぶことになる．範囲が限られていなければこの 2 次関数の最大解は放物線の軸 $x_i = 8 - p$ であるが，これが範囲に属することは一般には保証されない．つまり，効用関数が準線形であっても，価格がある程度高かったり所得がある程度低かったりすると効用最大解は予算制約に影響される．言い換えれば，所得効果が出るかもしれないのである（これが「慎重に」求める理由である）．

所得効果が出ないこととは，$w_i(x_i) - px_i$ の最大解 $8-p$ が $\overline{x}_i + \frac{\overline{\ell}_i}{p}$ を超えないこと，つまり買いたい X の量が予算内で収まることに他ならない．したがって，$\overline{\ell}_i > 0$ である家計に関しては，初期保有ベクトル $(\overline{x}_i, \overline{\ell}_i)$ がすべての $p > 0$ に対して $8 - p \leq \overline{x}_i + \frac{\overline{\ell}_i}{p}$，すなわち $p^2 + (\overline{x}_i - 8)p + \overline{\ell}_i \geq 0$ を満たせばよい．この条件は $(\overline{x}_i, \overline{\ell}_i)$ が $\overline{\ell}_i \geq \frac{(\overline{x}_i - 8)^2}{4}$ を満たせば，家計 i の効用最大解すなわち X の需要関数は

$$x = \begin{cases} 8-p & if \quad p \leq 8 \\ 0 & if \quad p > 8 \end{cases}$$

となる．よって X を持たない $\overline{x}_i = 0$ の家計は $\overline{\ell}_i \geq \dfrac{(-8)^2}{4} = 16$ より，$\overline{\ell}_i$ を少なくとも 16 単位持っていれば，$w_i(x_i) - px_i$ の最大解は予算内で収まる．また L を持たない $\overline{\ell}_i = 0$ の家計の X の需要関数は

$$x = \begin{cases} \overline{x}_i & if \quad p < 8 - \overline{x}_i \\ 8-p & if \quad 8 - \overline{x}_i \leq p \leq 8 \\ 0 & if \quad p > 8 \end{cases}$$

となる（閉区間 $[0, \overline{x}_i]$ 上での 2 次関数 $(8-p)x_i - \dfrac{1}{2}(x_i)^2$ の最大化問題の解）．ここで $\overline{\ell}_i = 0$ の家計の X の個別賦存量が $\overline{x}_i = 8$ であったことを思い出せば，L を持たない $\overline{\ell}_i = 0$ の家計の X の需要関数はより正確には

$$x = \begin{cases} 8-p & if \quad p \leq 8 \\ 0 & if \quad p > 8 \end{cases}$$

となる．つまり，L のみを有する家計も X のみを有する家計も X の需要関数は同じになる（ただし，（家計 i の L の需要関数）$= p\overline{x}_i + \overline{\ell}_i - p \times$（家計 i の X の需要関数）で与えられるので，X の需要関数は同じでも $(\overline{x}_i, \overline{\ell}_i)$ が異なるので 2 つのタイプの家計で L の需要関数は異なる）．したがって，市場の総需要関数は

$$x = \begin{cases} 8(8-p) & if \quad p \leq 8 \\ 0 & if \quad p > 8 \end{cases}$$

と集計されるので，均衡価格 p^* は X の総需要 $= X$ の総賦存量 24（$= 8 \times 3$）の式

$$8(8 - p^*) = 24$$

により $p^*=5$ と求められる．ここで X のみを有する家計の集合 $\{6,7,8\}$ について

- X のみを有する家計の個別賦存量：$\bar{x}_6 = 13 = \bar{x}_7,\ \bar{x}_8 = 14,\ \bar{\ell}_i = 0$, $i \in \{6,7,8\}$

と条件が変わると，均衡価格 p^{**} は総需要＝総賦存量 $40\ (=13+13+14)$ の式

$$8(8-p^{**}) = 40$$

により $p^{**}=3$ と求められる．以上の例により基礎条件の相違が理論値の相違をもたらすことが明確にわかる．

[2] 情報構造

次に情報構造を，関係する要素を整理分類することにより説明する．「公開情報（public information）」とは市場の全員が必ず知る情報である．「私的情報（private information）」とは本人は必ず知っているが，他人は何も知らない個人情報である．ダブルオークションではこれらに加えて，私的情報をもとにすれば取引の過程である程度まで予想できるが，正確にはわからない情報がある．これをここでは便宜上「不確実情報（uncertain information）」と呼ぶことにする．では市場の情報をこの3種類に分類してみよう．

- 公開情報：売り注文と買い注文（価格・数量とも），注文の取引が成立したか否か
- 私的情報：自分の X と L の個別賦存量，自分の効用関数
- 不確実情報：市場全体の X と L の総賦存量，市場全体の X と L の総需要関数

そして，市場の全参加者は上の分類が全員に該当するものであることを認識している．

なお，ダブルオークションにおける配布用の得点表は，縦の字と横の数字をここで用いた2次の効用関数に代入した値が書かれたものである（本質的には無差別曲線または効用関数を与えたことになる）．また配布用の棒グラフは，商品Xを消費していない状態から1単位消費したときの効用の増分，1単位消費している状態からもう1単位消費したときの効用の増分，2単位消費している状態からもう1単位消費したときの効用の増分等々を表したものである（本質的には限界効用関数を与えたことになる）．

ダブルオークションでは，これら両方の情報，あるいはどちらか一方の情報をもとに，アイテム（X）のみを持つ者はアイテムを手放すことによる効用の減少分を超えるようになるべく高い値段でアイテムを売り，かつなるべく安い値段でアイテムを買うことが高得点の獲得につながる．被験者がこのような行動をとるためには，先に説明したような分類で市場の情報が与えられていることが不可欠である．

4.2 結果発表

種明かしは以上である．以下は筆者が2005年4月26日（火）に神戸大学の大学院経済学研究科の授業中に行った実験の記録である．被験者は大学院生6名，神戸大学の専任教員1名と非常勤講師1名の計8名であった．このメンバーで実験が理論通りになったことをここに書いてもさほど価値はない．ならばなぜ書くのか．理論通りにならなかったからである．近似として考えても，である．

実験の手順はまず筆者が各被験者に得点表と棒グラフの両方の用紙を，そのうち3人に「アイテムのカード8枚」を，残りの5人に「キャッシュのカード16枚」を配布し，注意を差しはさみつつインストラクションを音読した．

4.2 結果発表

実験は前半として5分のダブルオークションを1ラウンドと4分のダブルオークションを2ラウンド，後半として2人のアイテムのカードを8枚から13枚に，1人のアイテムのカードを8枚から14枚に増やして4分のダブルオークションを3ラウンド行った．理論通りになるのであれば，基礎条件に基づいて計算されたように，図4.1の通りダブルオークションの成立価格の平均は前半（総賦存量が24）で$p^*=5$，後半（総賦存量が40）で$p^{**}=3$に収束し，前半後半とも成立価格の標準偏差（分散）は0に収束するはずである．

ところが，実際の実験の結果は図4.2のようになった．これはとても理論予測に近い結果とは言えない．なぜならば，

---
1. 前半のすべての成立価格と理論値5との間に相当の乖離が存在する．
2. 前半の平均価格は2.4, 3.0, 3.1で理論値5よりかなり低い．
3. 後半の成立価格の標準偏差が実験の回数を経るごとに1.6, 2.125, 2.2と増加している．

という特徴があるからである．

これは筆者にとって全くの予想外の出来事であった．特に実験を実施している最中に把握できるのは平均価格でなく成立価格なので，前半に理論値5に近づく傾向が見られなかったときは，被験者の前のポーカーフェイス（と自分では思っていた）とは裏腹に胸の内は相当焦っていた．しかし，データをよく見ると理論をサポートする次のような結果も観察される．

---
1. 前半の平均価格は実験の回数を経るごとに理論値5に向けて上昇している．
2. 前半の成立価格の標準偏差は実験の回数を経るごとに0.916, 0.707, 0.598と減少している
3. 後半の成立価格は実験の回数を経るごとに理論値3に向けて上昇し，事実3回は価格が3になっている．

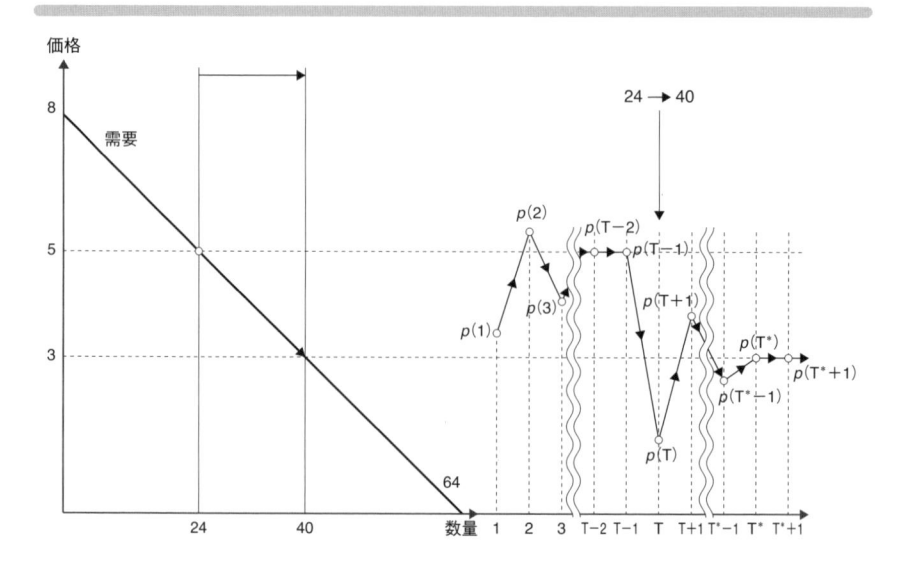

図4.1　ダブルオークション（2005年4月26日）の理論予測

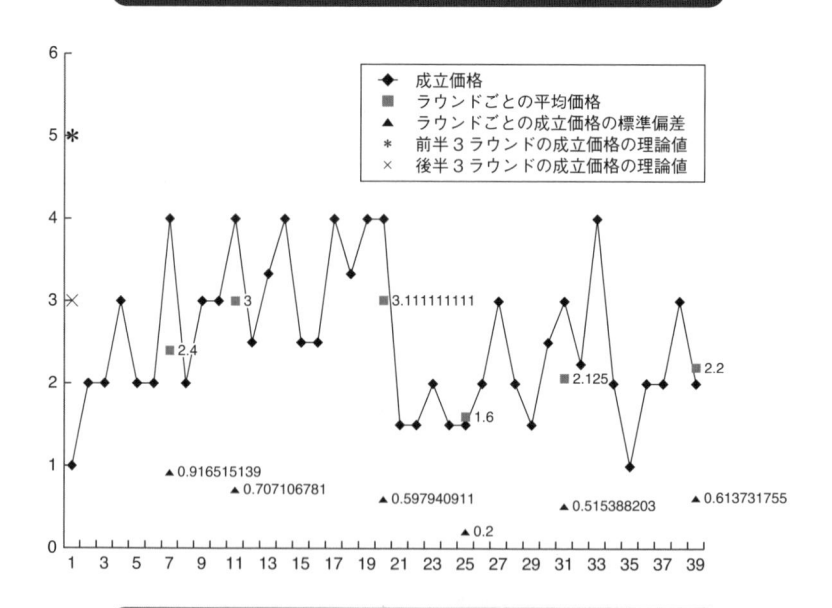

図4.2　ダブルオークション（2005年4月26日）の実験結果

だが，筆者はこの実験を終えて，被験者に満足のいく結果ではなかったことを伝え，レポートに改善すべきだと思われる点を書いてもらった．そこに書かれていたコメントには，経済実験の初学者による典型的な疑問もあったが，筆者が思い至らなかったことによる不備の指摘もあった．このことにより，筆者は思い出した．実験の実施には，事前にモデルの整合性をきちんとチェックすること，均衡概念に合致するように情報を識別して被験者に知らせること，そして実験の手順がすぐ飲み込めるようにわかりやすいインストラクションを作成することに加え，さらに押さえておくべきことがあったことを．それはいわば実験の「おきて」と言うべきものである．

4.3 実験のおきて

実験の「おきて」をいくつか述べる．これは本当ならば実際実験を準備している過程や実験を実施している過程で「こうしろ」あるいは「こうしてはいけない」と経験者からアドバイスされて，実験の現場で学ぶものであり，本や論文を読むだけでそのすべてを学ぶことは難しい．医師になるのに研修制度が，幼稚園そして小中高の教諭になるのに教育実習が必要とされる理由と同じだと思う[4]．つまり，経済実験には「人」を扱うことによるさまざまな問題が存在するということである．実験の「おきて」集のようなマニュアルでもあれば完全ではないにしろかなり便利であろうが，そのようなものはまだ学界には存在しないと思う．

---

[4] そう考えると，日本の大学ではほとんどの研究分野では，ドクター（博士）になるのにも何らかの現場での研修も不要，教授になるのにも教育実習が不要なのは不思議である．筆者が知る限り，米国では経済学の博士号を取りたい，そして大学に職を得たいと思ったら，博士課程修了前に最低1学期間は学部生や修士課程の授業，あるいは授業の補助をすることは絶対経験しなければならない仕組みになっていた．

ただ，実験の設計に関してヴァーノン・スミスは「これだけは最低限守らないと研究目的の経済実験ではない」という5つの原則を「訓え(precept)」として論文の中に実に鮮やかにまとめている［Smith（1982, pp. 931-938）］[5]．しかし，抽象的で寡少な言葉（この場合は理論モデル）による含蓄で読者に理解を求める記述があり，そのような部分は経済理論を知っていてかつ多少実験の経験がなければ全く実感が湧かないであろう．

　筆者がさまざまな機会で見知った実験のおきては，目的が研究であっても，デモンストレーション（授業や体験セミナーのための実演）であっても共通に守られなければならないもの，そして目的が研究ならば守られなければならないがデモンストレーションならば柔軟な対応が許されているものに大別される[6]．今後このような実験のおきてを本質的なものから些細なものまで，思い出す限り紹介したいが，本章では部分均衡のダブルオークションの実験に関するもののみを取り上げる．念のため申し添えるが，筆者が学んだ「おきて」の中でヴァーノン・スミスの「訓え」と矛盾するものは何一つない．

　まず，おきてその1．

実験では，模擬の商品に具体的な名前を基本的につけない．

　目的が研究のときは特に，である．経済実験が「お店屋さんごっこ」と決定的に違う点だとも言える．実験のレポートで「イメージがわかないものだと，たとえ得点が増えるとわかっていても買う気がしない」という内容の指摘があった．だがイメージは実験者が被験者に与えてはいけないのである．なぜかというと，たとえば「トンカツ」とか「だんご」とか「経済学の本」

5　5つの訓えとは nonsatiation, saliency, dominance, privacy, parallelism である．内容に関しては Smith（1982）を見られたい．
6　デモンストレーションのための実験では守られなければならないが，研究では柔軟な対応が許されているものは，筆者が知る限り授業で行った実験のレポートを書かせることくらいである．目的が研究であってもデモンストレーションであっても柔軟な対応が許されているものは「おきて」とは呼べないので，これらは論じない．

などの名前をつけると,「トンカツだから単価は千円くらいが適当だ」とか「だんごはトンカツより安くなければならない」とか「経済学の本はためになるので, 値段にかかわらず全部買い占める」などといった商品のイメージが被験者の行動に与える影響[7]を排除するためである. このことにより商品の特徴は, 名前だけでなく, 各家計の選好による評価, (企業が存在するときは生産にかかる費用) そして経済全体での賦存量によってのみ表現可能である. したがって, この点はわれわれの実験においては守られていたのである.

ただし,「キャッシュ」(あるいは「貨幣」) だけは例外である. 物々交換の実験ならば「キャッシュ」という名前の商品はニュメレールであっても不要である. しかし, 通常の市場実験では物々交換を認めないので, 特に他の商品が2種類以上ある場合は唯一の交換手段 (medium of exchange) を導入し, それは「キャッシュ」と呼ばれる[8]. 経済実験において他の商品同士の交換, たとえば X を Y と取り換えたければ, 被験者は X を一度売ってキャッシュに換え, そのキャッシュで Y を買わなければならない. なお, 目的がデモンストレーションのときは,「お店屋さんごっこ」のように商品に名前をつけてもいいのではないかと個人的には考える.

次におきてその2.

> 被験者が同じタイプの実験 (ただし, 得点表が同じであってはいけない) に習熟していなければ, 少ない回数である数値への収束が起こることは一般に保証されない.

つまり, あるトランプゲーム (ババ抜きや7並べなど) や計算方法 (2元連立方程式や2次式の因数分解など) を一通りマスターしている人は, 配ら

---

[7] フレーミング効果 (framing effect) と呼ばれる.
[8] しかし, 商品のイメージとは軽視できないもので, 過去の経験から言えば, 教室実験で配布したカードを回収するとき足りなくなるのは決まって「キャッシュ」であった.

れるカードや問題が違っていても同じ要領で意思決定ができるが，そうでない人は要領をつかむ経験が必要だということと同じである．これは目的が研究でもデモンストレーションでも共通に守られなければならないものである．

この重要性は「得点表を配布してから実験を始めるまで被験者が考える時間をとってはどうか」と「取引回数をもっと増やした方がいいと思う」というコメントにより再認識した．先の実験が失敗した理由はこの「おきてその2」が守られていなかったことによる．実験を行う側としては時間を与えているつもりであったが，ダブルオークションが全く初めての被験者は面食らって当然であった．特に研究が目的の場合は，何回も実験に参加した経験がある人，つまりリピーターを被験者にするとよい．それが難しいときは，データを取る「本実験」の前に練習で何回か「パイロット実験」を行い被験者に要領をつかんでもらう必要がある．

そしておきてその3．

報酬は被験者が獲得した得点に応じて与えられなければならない．

報酬として用いられるのは，謝金（これは本当のお金で色紙ではない）か授業の成績である．このおきては研究が目的の経済実験ならば，絶対に守られなければならないこととして有名である．なぜならば，実験経済学では「そうでなければ被験者は得点表のみで与えられた人格を演じる理由がない」と考えられており，正当な報酬を与えていない実験は研究とはみなされないからである．

この点に関して筆者は被験者から反応があることは予想していた．実際「利得が本当のお金ではなかったので，真剣に最大化行動をとるインセンティヴが働かなかった」という感想がレポートに書かれていた．しかし，被験者にとっては残念なことだが，謝金は研究目的の実験のとき，しかも本番のときのみ支払われる[9]．これが，次は研究者にとって残念なことに，過去において一部の方面には「経済の実験にはすべて謝金が支払われる」というデマが飛んでいた．もしそのような話を聞いたら読者の皆さんはくれぐれも真

に受けないように．できれば，そのような話をしてくれた人にそうではないと教えてあげてもらいたく思う．

　そして，もし読者であるあなたが学生ならば，先生から本番ではないパイロット実験のときの被験者をお願いされたら快く引き受けてあげてほしい．そうしたら本番でも声がかかるかもしれないし，そうでなくても実験経済学界へ無償で尊い貢献をすることになるのである．筆者もカリフォルニア工科大学での在外研究でパイロット実験のとき何人もの学生に無償で被験者をお願いし，彼らは時間が許す限り快く協力してくれた．その代わり，筆者も学生が自分の研究のために行ったパイロット実験に，彼らの友人たちとともに何回か協力した．日本でも今後経済実験が盛んになってくるであろうから，このような助け合いの慣習が形成されることを切に希望する．そうでなければ，「経済の実験の得点はすべて授業の成績に反映させる」と言う先生たちが日本各地に出てきそうな気がする．

9　筆者は今までにただ一度，一般向けの講演での経済実験でありながら，謝金が支払われたものに参加した経験がある（事前に謝金の予告はなかった）．カリフォルニア工科大学で「0.5セミナーシリーズ」と題して行われた連続公開講座で故リチャード・マッケルヴィー（Richard D. McKelvey, 1944-2002）が行ったものである．1人当たりの謝金は$1から$5くらいであったと記憶しているが，実験は大教室で行われ謝金はすべてキャッシュの1ドル札でその場で払ったので，講演用の卓上には札束が山と詰まれてあった（危ないので皆さんは決して真似しないで下さい）．

[参考文献]

Davis, Douglas D., and Charles A. Holt (1993), *Experimental Economics*, Princeton University Press.

Debreu, Gerard, and Herbert Scarf (1963), "A Limit Theorem on the Core of an Economy," *International Economic Review* 4, 235–246.

McKenzie, Lionel W. (1959), "On the Existence of General Equilibrium for a Competitive Market," *Econometrica* 27, 54–71.

Smith, Vernon L. (1962), "An Experimental Study of Competitive Market Behavior," *Journal of Political Economy* 70, 111–137.

Smith, Vernon L. (1982), "Microeconomic Systems as an Experimental Science," *American Economic Review* 72, 923–955.

第5章
ダブルオークションによる再実験

5.1 実験の改造：スケーリング

[1] 実験は失敗する

　前章で紹介したダブルオークションの実験では，データと理論値の乖離が大きく出てしまった．間違っても発見などではない．実験は失敗したのである．そこでその原因について考えた結果，実験の後提出されたレポートから被験者が実験の要領をつかまないまま実験が終わってしまったことを知った．この問題が生じることは決してめずらしくなく，謝金を支払う実験でこれが起きると大金を無駄にすることがある．そこでこの種の失敗の傾向と防止策について述べてみる．

　被験者がどうすれば利得を高められるかという要領をつかめないうちに実験が終わってしまう現象は，ゲームセンターの機械にお金を入れ説明通りにレバーを操作していつの間にか「GAME OVER」という画面が出る状況に似ている．実験開始前の説明中に被験者の学生が「さっぱりわけがわからない」という表情でシグナルを送ってくれる場合は別だが，実際に実験が終了して被験者からコメントをもらうまで，このような問題が起きていたことには気づかないことが多い．学生は実験を行う教員を気遣ってであろうか，実

験の説明を聞くと，満面の笑みをたたえてうなずくことまではしないが，「心配しなくていいですよ．ちょっとわからないところもあったけど，実験が始まったらなんとかなると思います．だから，みんなの前でワタシ（ボク）にわかったかどうかなんて聞かないでください．」と目で訴える．これはまんざら嘘ではなく，ほとんどの被験者は説明を聞いたばかりの段階では実験に対して多かれ少なかれ不安を抱えているが，やっているうちに要領をつかむ．だが，そうでないことも当然ある．そして，実験中に生じる問題の責任は，被験者にはルール違反をしない限り一切なく，すべて実験する側に帰する．よって，ときどきある確率で起きうる「当然」による失敗を「未然」にするためには，インストラクションをわかりやすい言葉で書き，実験をわかりやすい手順で行えるようにデザインし，実験前の説明をわかりやすく行えばいいのであるが，ことは言うほどたやすくない．

[2] 実験はやり直せる

　だが最善を尽くすべく筆者は経済実験で頻繁に行われる方法に沿ってこの問題を解決し，再挑戦することにした．前回被験者となった人達になるべく多く参加してもらい，「厳密には異なり」かつ「本質的に同じ」実験を行うことを計画したのである．方法も数字も全く同じ実験を経験者に対して行うのと，一見別なものに見える実験を要領だけある程度学んでいる経験者に対して行うのとでは意味が異なってくる．人にある数値例を使って未知の計算方法（たとえば，小学校の分数の足し算引き算や中学校の因数分解）を教えた後習熟度をチェックするのに，全く同じ数値例を用いることと，数字を変えた問題を用いることではチェックしていることが異なるのと同じである．経験のある人に対して内容は同じで数値の違う実験を行うことで，データの記憶には全く頼らず，実験の経験からの学習効果だけを純粋に利用させてもらうのである．

　さて同じ数値が使えないのならば，モデルの根本まで変えなければならな

5.1 実験の改造：スケーリング

いのか．上で述べた目的を達成するためにはそこまで変える必要はない．それでは，パラメター（効用関数の係数や初期保有量の数）を変えればいいのか．それでは駄目である．モデルを組んだとき，それぞれの個人の効用関数が効用関数たるべき条件を満たすための係数の数値と，それから導かれた需要関数により定めた均衡が達成されるよう初期保有量を定めなければならない．パラメターの挿げ替えは「適当」ではなく「適正」である必要がある．中途半端な挿げ替えは実験モデルを不整合なものにしてしまう．同じ被験者に対しお古の実験のほころびを直し，いかに新品に見せるかが実験デザイナーの腕の見せ所である[1]．

それでは，ある実験を「厳密には異なり」かつ「本質的に同じ」実験に改造する方法について説明する．これは「スケーリング (scaling)」と呼ばれ，簡単に言って「モデルの拡大・縮小」である．図5.1を見て頂きたい．左側の右下がりの直線は前回のモデルから導出される個人の需要関数である．理論予測では前半の実験で商品Xに価格5がついてXを3単位消費し，後半の実験では価格3がついてXを5単位消費することになっていた．次に右側の直線であるが，これは簡単に言って横軸の切片が倍になるように，左側の直線を引っ張ったものである．したがって，前半の実験でXに価格5がついたらXを6単位消費し，後半の実験では価格3がついたらXを10単位消費することになる．これはスケーリングの「拡大」の方に属する．

では今からこの右側の直線が導出されるようにモデルチェンジをしてみよう（被験者は9名となっている）．古いモデルを【旧】，新しいモデルを【新】と記して以下に併記する．

---

[1] 昭和40年代，テレビの特撮番組を作るプロダクションでは制作費がないため，一度番組の中でヒーローによって爆破された怪獣のぬいぐるみの首を挿げ替えたり別な色を塗ったりして，新しい怪獣のぬいぐるみを作っていたそうである．ブランニューの作品を作るコストの削減の必要性と心を込めて一度作った作品をただ一度きりの使用で終わりにしたくない気持ちは特撮と実験とで相通じるものがある．

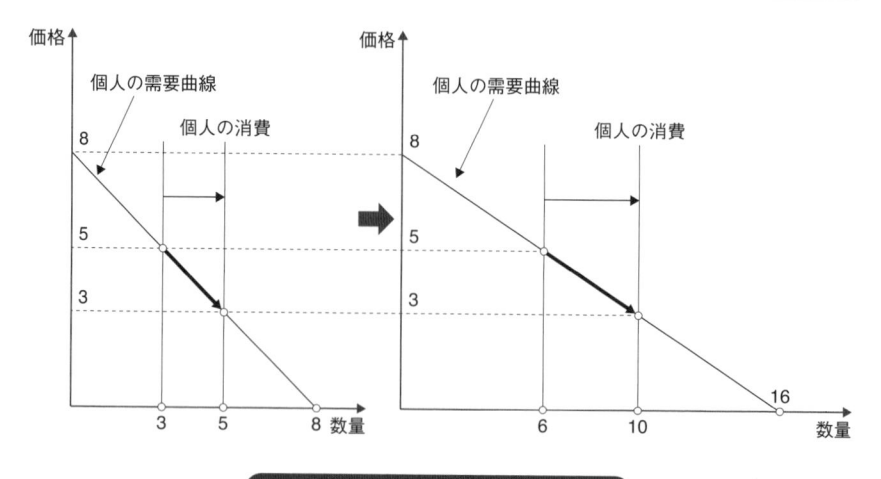

図5.1 実験モデルのスケーリング

- 全家計の集合：
  【旧】 $\{1,2,3,4,5,6,7,8\}$ → 【新】 $\{1,2,3,4,5,6,7,8,9\}$

- L のみを有する家計の集合：
  【旧】 $\{1,2,3,4,5\}$ → 【新】 $\{1,2,3,4\}$

- L のみを有する家計の個別賦存量：
  【旧】 $\bar{x}_i = 0, \quad \bar{\ell}_i = 16, \quad i \in \{1,2,3,4,5\}$ →
  【新】 $\bar{x}_i = 0, \quad \bar{\ell}_i = 35, \quad i \in \{1,2,3,4\}$

- X のみを有する家計の集合：
  【旧】 $\{6,7,8\}$ → 【新】 $\{5,6,7,8,9\}$

5.1 実験の改造：スケーリング

- X のみを有する家計の個別賦存量：

  【旧】 $\overline{x}_i = 8, \quad \overline{\ell}_i = 0, \quad i \in \{6,7,8\}$ →

  【新】 $\overline{x}_5 = 10, \quad \overline{\ell}_5 = 0 ; \overline{x}_i = 11, \quad \overline{\ell}_i = 0, \quad i \in \{6,7,8,9\}$

- 効用関数：

  【旧】 $w_i(x_i) + \ell_i = 8x_i - \dfrac{1}{2}(x_i)^2 + \ell_i$ → 【新】 $w_i(x_i) + \ell_i = 8x_i - \dfrac{1}{4}(x_i)^2 + \ell_i$

それでは，均衡価格の理論値 p^* を求めよう．まず，予算制約 $px_i + \ell_i \leq p\overline{x}_i + \overline{\ell}_i$ により， $x_i \leq \overline{x}_i + \dfrac{\overline{\ell}_i}{p}$ でなければならない．そして，完全競争の理論に沿えば各家計 i は価格 p を定数とみなし， $px_i + \ell_i = p\overline{x}_i + \overline{\ell}_i$ という条件の下で効用関数 $w_i(x_i) + \ell_i$ が最大になるように x_i, ℓ_i を選択する．ここで， $\ell_i = p\overline{x}_i + \overline{\ell}_i - px_i$ を $w_i(x_i) + \ell_i$ に代入して $w_i(x_i) + \ell_i = w_i(x_i) - px_i + p\overline{x}_i + \overline{\ell}_i$ となることと $p\overline{x}_i + \overline{\ell}_i$ が家計 i にとっては定数であることに注意すれば，この選択は x_i の2次関数 $w_i(x_i) - px_i = (8-p)x_i - \dfrac{1}{4}(x_i)^2$ を $0 \leq x_i \leq \overline{x}_i + \dfrac{\overline{\ell}_i}{p}$ の範囲で最大にするように x_i を選ぶことになる．変数 x_i の範囲が限られていなければこの2次関数の最大解は軸 $x_i = 16 - 2p$ であるが，軸が範囲内にあること，つまり $0 \leq 16 - 2p \leq \overline{x}_i + \dfrac{\overline{\ell}_i}{p}$ は p の値によっては保証されない．この「軸が範囲内にあるかないか」が， X の需要関数に「所得効果がないかあるか」（正確には「所得が増えて需要関数の値が変化しないかするか」）を決める．

詳しく説明しよう． $p \geq 8$ のとき $w_i(x_i) - px_i = (8-p)x_i - \dfrac{1}{4}(x_i)^2$ を $0 \leq x_i \leq \overline{x}_i + \dfrac{\overline{\ell}_i}{p}$ の範囲で最大にする x_i は， x_i の係数が負またはゼロ， $(x_i)^2$ の係数が負であることから， $x_i = 0$ となり，所得効果はない． $0 < p \leq 8$ のときは，初期保有ベクトル $(\overline{x}_i, \overline{\ell}_i)$ が $0 < p \leq 8$ となるすべての p に対して， $16 - 2p \leq \overline{x}_i + \dfrac{\overline{\ell}_i}{p}$ を満たせばよい．この不等式は $\overline{\ell}_i > 0$ のとき $\overline{\ell}_i \geq -2\left\{p - \dfrac{(16 - \overline{x}_i)}{4}\right\}^2 + \dfrac{(\overline{x}_i - 16)^2}{8}$ と変形されるから， $(\overline{x}_i, \overline{\ell}_i)$ が $\overline{\ell}_i \geq \dfrac{(\overline{x}_i - 16)^2}{8}$ を満たしていれば，すべての p に対して $16 - 2p \leq \overline{x}_i + \dfrac{\overline{\ell}_i}{p}$ となる．よって X を持たない $\overline{x}_i = 0$ の

家計 1, 2, 3, 4 は, $\bar{l}_i \geq \dfrac{(0-16)^2}{8} = 32$ より, $\bar{l}_i$ を少なくとも 32 単位持っていれば所得効果はなくなる. このとき家計 1, 2, 3, 4 の予算制約下での効用最大解, すなわち X の需要関数は

$$x_i = \begin{cases} 16-2p & \text{if} \quad p \leq 8 \\ 0 & \text{if} \quad p > 8 \end{cases}$$

となる. X を持たない $\bar{x}_i = 0$ の家計は, $\bar{l}_i \geq \dfrac{(0-16)^2}{8} = 32$ より, $\bar{l}_i$ を少なくとも 32 単位持っていれば所得効果はなくなる. また L を持たない家計の需要関数は, $\bar{x}_i$ が $0 < p \leq 8$ となるすべての p に対して $16 - 2p \leq \bar{x}_i$ を満たすとき, つまり $\bar{x}_i$ を少なくとも 16 単位持っていれば所得効果はなくなる. そして逆に $\bar{x}_i$ が 16 単位に満たなければ, 与えられる p によっては所得効果が発生する. まず $(\bar{x}_5, \bar{l}_5) = (10, 0)$ である家計 5 の需要関数は, この家計の所得源が $\bar{x}_5 = 10$ しかないことから 10 単位以上の X は購入できず,

$$x_5 = \begin{cases} 10 & \text{if} \quad p < 3 \\ 16-2p & \text{if} \quad 3 \leq p \leq 8 \\ 0 & \text{if} \quad p > 8 \end{cases}$$

となり, 需要が 10 単位となる価格 $p = 3$ で直線は折れる. なお $p < 3$ のときは, 家計 5 にとっては「X が非常に安いので初期保有の 10 単位を超えて購入したいが所得がない」という状態になる. つまり所得効果(もし所得が増えたら X の需要が増える状態)が発生している. また $(\bar{x}_i, \bar{l}_i) = (11, 0)$ である家計 6, 7, 8, 9 の X の需要関数も, 全く同様の推論により

$$x_i = \begin{cases} 11 & \text{if} \quad p < 2.5 \\ 16-2p & \text{if} \quad 2.5 \leq p \leq 8 \\ 0 & \text{if} \quad p > 8 \end{cases}$$

となる. 所得効果は $p < 2.5$ のとき生じている. 図 5.2 の左側を見て頂きたい. {1,2,3,4}, {5}, {6,7,8,9} という 3 つのグループそれぞれに属する家

5.1 実験の改造：スケーリング

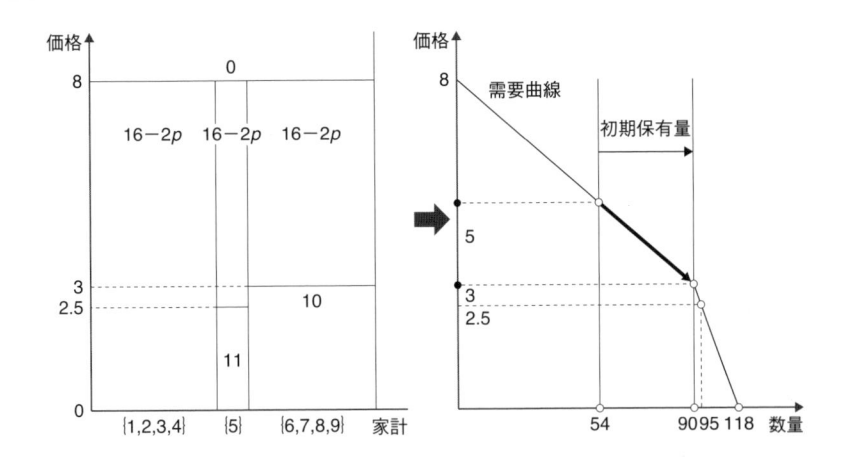

図 5.2 個別需要関数の場合分け（左）と総需要関数のグラフ（右）

計が持つ個別需要関数がどの範囲の価格（縦軸で表示）でどのような関数形あるいは値をとるかをまとめている．これを集計すると，市場の総需要関数は

$$x = \begin{cases} 4(16-2p)+10+4\times 11 = 118-8p & if \quad p < 2.5 \\ 8(16-2p)+10 = 90-10p & if \quad 2.5 \leq p \leq 3 \\ 9(16-2p) = 144-18p & if \quad 3 \leq p \leq 8 \\ 0 & if \quad p > 8 \end{cases}$$

と導出できて，グラフは図 5.2 の右側のようになる．需要曲線が $p=2.5$ と $p=3$ で2回折れる．

このモデルの均衡価格 p^* は総需要＝総賦存量 54（$=10+4\times 11$）の式

$$144-18p^* = 54$$

により $p^*=5$ と求められる．ここで X のみを有する家計の集合 {5, 6, 7, 8,

9} について

- X のみを有する家計の個別賦存量：$\bar{x}_i = 18$, $\bar{\ell}_i = 0$, $i \in \{5, 6, 7, 8, 9\}$

と条件が変わったとしよう．$\bar{x}_i$ を少なくとも 16 単位持っていれば所得効果はなくなるから，家計 5, 6, 7, 8, 9 の X の需要関数は

$$x = \begin{cases} 16 - 2p & if \quad p \leq 8 \\ 0 & if \quad p > 8 \end{cases}$$

となり，市場の総需要関数は

$$x = \begin{cases} 9(16 - 2p) = 144 - 18p & if \quad p \leq 8 \\ 0 & if \quad p > 8 \end{cases}$$

となる．このときの均衡価格 p^{**} は総需要＝総賦存量 90（$= 5 \times 18$）の式

$$144 - 18p^{**} = 90$$

により $p^{**} = 3$ と求められる．これらの p^*, p^{**} は前回の実験と同じ値である．

なお，表 5.1 はここで導入した 2 次の効用関数で作った実験時配布用の得点表である（本質的には無差別曲線を与えたことになる）．得点に関する情報は 1 つの方がよいという前回の被験者からの要望を受け入れ，今回は棒グラフは配布しなかった．

【補足】 当初は，需要曲線が 1 回だけ，それも均衡価格 $p^{**} = 3$ より低い価格で折れるようにモデルチェンジを行った．被験者を 8 人と想定して準備をしていたが，実際の実験には 9 人現れた．謝金を支払う実験であれば，参加賞（正しくは「不参加賞」）としていくらかを渡し最後に来た人（あるいはくじびきを行いはずれた人）にはお引取り頂くのだが，当日は公開授業の一環として行ったのでお引取り頂くのはためらわれた．お金が目的でなく来てくれた学生には実験を通じて

5.1 実験の改造：スケーリング

表 5.1　ダブルオークションの新利得表

<table>
<tr><th rowspan="2"></th><th colspan="16">キャッシュ</th></tr>
<tr><th>0</th><th>1</th><th>2</th><th>3</th><th>4</th><th>5</th><th>6</th><th>7</th><th>8</th><th>9</th><th>10</th><th>11</th><th>12</th><th>13</th><th>14</th><th>15</th></tr>
<tr><td>0</td><td>0</td><td>1</td><td>2</td><td>3</td><td>4</td><td>5</td><td>6</td><td>7</td><td>8</td><td>9</td><td>10</td><td>11</td><td>12</td><td>13</td><td>14</td><td>15</td></tr>
<tr><td>1</td><td>7.75</td><td>8.75</td><td>9.75</td><td>10.8</td><td>11.8</td><td>12.8</td><td>13.8</td><td>14.8</td><td>15.8</td><td>16.8</td><td>17.8</td><td>18.8</td><td>19.8</td><td>20.8</td><td>21.8</td><td>22.8</td></tr>
<tr><td>2</td><td>15</td><td>16</td><td>17</td><td>18</td><td>19</td><td>20</td><td>21</td><td>22</td><td>23</td><td>24</td><td>25</td><td>26</td><td>27</td><td>28</td><td>29</td><td>30</td></tr>
<tr><td>3</td><td>21.8</td><td>22.8</td><td>23.8</td><td>24.8</td><td>25.8</td><td>26.8</td><td>27.8</td><td>28.8</td><td>29.8</td><td>30.8</td><td>31.8</td><td>32.8</td><td>33.8</td><td>34.8</td><td>35.8</td><td>36.8</td></tr>
<tr><td>4</td><td>28</td><td>29</td><td>30</td><td>31</td><td>32</td><td>33</td><td>34</td><td>35</td><td>36</td><td>37</td><td>38</td><td>39</td><td>40</td><td>41</td><td>42</td><td>43</td></tr>
<tr><td>5</td><td>33.8</td><td>34.8</td><td>35.8</td><td>36.8</td><td>37.8</td><td>38.8</td><td>39.8</td><td>40.8</td><td>41.8</td><td>42.8</td><td>43.8</td><td>44.8</td><td>45.8</td><td>46.8</td><td>47.8</td><td>48.8</td></tr>
<tr><td>6</td><td>39</td><td>40</td><td>41</td><td>42</td><td>43</td><td>44</td><td>45</td><td>46</td><td>47</td><td>48</td><td>49</td><td>50</td><td>51</td><td>52</td><td>53</td><td>54</td></tr>
<tr><td>7</td><td>43.8</td><td>44.8</td><td>45.8</td><td>46.8</td><td>47.8</td><td>48.8</td><td>49.8</td><td>50.8</td><td>51.8</td><td>52.8</td><td>53.8</td><td>54.8</td><td>55.8</td><td>56.8</td><td>57.8</td><td>58.8</td></tr>
<tr><td>8</td><td>48</td><td>49</td><td>50</td><td>51</td><td>52</td><td>53</td><td>54</td><td>55</td><td>56</td><td>57</td><td>58</td><td>59</td><td>60</td><td>61</td><td>62</td><td>63</td></tr>
<tr><td>9</td><td>51.8</td><td>52.8</td><td>53.8</td><td>54.8</td><td>55.8</td><td>56.8</td><td>57.8</td><td>58.8</td><td>59.8</td><td>60.8</td><td>61.8</td><td>62.8</td><td>63.8</td><td>64.8</td><td>65.8</td><td>66.8</td></tr>
<tr><td>10</td><td>55</td><td>56</td><td>57</td><td>58</td><td>59</td><td>60</td><td>61</td><td>62</td><td>63</td><td>64</td><td>65</td><td>66</td><td>67</td><td>68</td><td>69</td><td>70</td></tr>
<tr><td>11</td><td>57.8</td><td>58.8</td><td>59.8</td><td>60.8</td><td>61.8</td><td>62.8</td><td>63.8</td><td>64.8</td><td>65.8</td><td>66.8</td><td>67.8</td><td>68.8</td><td>69.8</td><td>70.8</td><td>71.8</td><td>72.8</td></tr>
<tr><td>12</td><td>60</td><td>61</td><td>62</td><td>63</td><td>64</td><td>65</td><td>66</td><td>67</td><td>68</td><td>69</td><td>70</td><td>71</td><td>72</td><td>73</td><td>74</td><td>75</td></tr>
<tr><td>13</td><td>61.8</td><td>62.8</td><td>63.8</td><td>64.8</td><td>65.8</td><td>66.8</td><td>67.8</td><td>68.8</td><td>69.8</td><td>70.8</td><td>71.8</td><td>72.8</td><td>73.8</td><td>74.8</td><td>75.8</td><td>76.8</td></tr>
<tr><td>14</td><td>63</td><td>64</td><td>65</td><td>66</td><td>67</td><td>68</td><td>69</td><td>70</td><td>71</td><td>72</td><td>73</td><td>74</td><td>75</td><td>76</td><td>77</td><td>78</td></tr>
<tr><td>15</td><td>63.8</td><td>64.8</td><td>65.8</td><td>66.8</td><td>67.8</td><td>68.8</td><td>69.8</td><td>70.8</td><td>71.8</td><td>72.8</td><td>73.8</td><td>74.8</td><td>75.8</td><td>76.8</td><td>77.8</td><td>78.8</td></tr>
<tr><td>16</td><td>64</td><td>65</td><td>66</td><td>67</td><td>68</td><td>69</td><td>70</td><td>71</td><td>72</td><td>73</td><td>74</td><td>75</td><td>76</td><td>77</td><td>78</td><td>79</td></tr>
<tr><td>17</td><td>63.8</td><td>64.8</td><td>65.8</td><td>66.8</td><td>67.8</td><td>68.8</td><td>69.8</td><td>70.8</td><td>71.8</td><td>72.8</td><td>73.8</td><td>74.8</td><td>75.8</td><td>76.8</td><td>77.8</td><td>78.8</td></tr>
<tr><td>18</td><td>63</td><td>64</td><td>65</td><td>66</td><td>67</td><td>68</td><td>69</td><td>70</td><td>71</td><td>72</td><td>73</td><td>74</td><td>75</td><td>76</td><td>77</td><td>78</td></tr>
<tr><td>19</td><td>61.8</td><td>62.8</td><td>63.8</td><td>64.8</td><td>65.8</td><td>66.8</td><td>67.8</td><td>68.8</td><td>69.8</td><td>70.8</td><td>71.8</td><td>72.8</td><td>73.8</td><td>74.8</td><td>75.8</td><td>76.8</td></tr>
<tr><td>20</td><td>60</td><td>61</td><td>62</td><td>63</td><td>64</td><td>65</td><td>66</td><td>67</td><td>68</td><td>69</td><td>70</td><td>71</td><td>72</td><td>73</td><td>74</td><td>75</td></tr>
<tr><td>21</td><td>57.8</td><td>58.8</td><td>59.8</td><td>60.8</td><td>61.8</td><td>62.8</td><td>63.8</td><td>64.8</td><td>65.8</td><td>66.8</td><td>67.8</td><td>68.8</td><td>69.8</td><td>70.8</td><td>71.8</td><td>72.8</td></tr>
<tr><td>22</td><td>55</td><td>56</td><td>57</td><td>58</td><td>59</td><td>60</td><td>61</td><td>62</td><td>63</td><td>64</td><td>65</td><td>66</td><td>67</td><td>68</td><td>69</td><td>70</td></tr>
<tr><td>23</td><td>51.8</td><td>52.8</td><td>53.8</td><td>54.8</td><td>55.8</td><td>56.8</td><td>57.8</td><td>58.8</td><td>59.8</td><td>60.8</td><td>61.8</td><td>62.8</td><td>63.8</td><td>64.8</td><td>65.8</td><td>66.8</td></tr>
<tr><td>24</td><td>48</td><td>49</td><td>50</td><td>51</td><td>52</td><td>53</td><td>54</td><td>55</td><td>56</td><td>57</td><td>58</td><td>59</td><td>60</td><td>61</td><td>62</td><td>63</td></tr>
<tr><td>25</td><td>43.8</td><td>44.8</td><td>45.8</td><td>46.8</td><td>47.8</td><td>48.8</td><td>49.8</td><td>50.8</td><td>51.8</td><td>52.8</td><td>53.8</td><td>54.8</td><td>55.8</td><td>56.8</td><td>57.8</td><td>58.8</td></tr>
</table>

<table>
<tr><th rowspan="2"></th><th colspan="15">キャッシュ</th></tr>
<tr><th>16</th><th>17</th><th>18</th><th>19</th><th>20</th><th>21</th><th>22</th><th>23</th><th>24</th><th>25</th><th>26</th><th>27</th><th>28</th><th>29</th><th>30</th></tr>
<tr><td>0</td><td>16</td><td>17</td><td>18</td><td>19</td><td>20</td><td>21</td><td>22</td><td>23</td><td>24</td><td>25</td><td>26</td><td>27</td><td>28</td><td>29</td><td>30</td></tr>
<tr><td>1</td><td>23.8</td><td>24.8</td><td>25.8</td><td>26.8</td><td>27.8</td><td>28.8</td><td>29.8</td><td>30.8</td><td>31.8</td><td>32.8</td><td>33.8</td><td>34.8</td><td>35.8</td><td>36.8</td><td>37.8</td></tr>
<tr><td>2</td><td>31</td><td>32</td><td>33</td><td>34</td><td>35</td><td>36</td><td>37</td><td>38</td><td>39</td><td>40</td><td>41</td><td>42</td><td>43</td><td>44</td><td>45</td></tr>
<tr><td>3</td><td>37.8</td><td>38.8</td><td>39.8</td><td>40.8</td><td>41.8</td><td>42.8</td><td>43.8</td><td>44.8</td><td>45.8</td><td>46.8</td><td>47.8</td><td>48.8</td><td>49.8</td><td>50.8</td><td>51.8</td></tr>
<tr><td>4</td><td>44</td><td>45</td><td>46</td><td>47</td><td>48</td><td>49</td><td>50</td><td>51</td><td>52</td><td>53</td><td>54</td><td>55</td><td>56</td><td>57</td><td>58</td></tr>
<tr><td>5</td><td>49.8</td><td>50.8</td><td>51.8</td><td>52.8</td><td>53.8</td><td>54.8</td><td>55.8</td><td>56.8</td><td>57.8</td><td>58.8</td><td>59.8</td><td>60.8</td><td>61.8</td><td>62.8</td><td>63.8</td></tr>
<tr><td>6</td><td>55</td><td>56</td><td>57</td><td>58</td><td>59</td><td>60</td><td>61</td><td>62</td><td>63</td><td>64</td><td>65</td><td>66</td><td>67</td><td>68</td><td>69</td></tr>
<tr><td>7</td><td>59.8</td><td>60.8</td><td>61.8</td><td>62.8</td><td>63.8</td><td>64.8</td><td>65.8</td><td>66.8</td><td>67.8</td><td>68.8</td><td>69.8</td><td>70.8</td><td>71.8</td><td>72.8</td><td>73.8</td></tr>
<tr><td>8</td><td>64</td><td>65</td><td>66</td><td>67</td><td>68</td><td>69</td><td>70</td><td>71</td><td>72</td><td>73</td><td>74</td><td>75</td><td>76</td><td>77</td><td>78</td></tr>
<tr><td>9</td><td>67.8</td><td>68.8</td><td>69.8</td><td>70.8</td><td>71.8</td><td>72.8</td><td>73.8</td><td>74.8</td><td>75.8</td><td>76.8</td><td>77.8</td><td>78.8</td><td>79.8</td><td>80.8</td><td>81.8</td></tr>
<tr><td>10</td><td>71</td><td>72</td><td>73</td><td>74</td><td>75</td><td>76</td><td>77</td><td>78</td><td>79</td><td>80</td><td>81</td><td>82</td><td>83</td><td>84</td><td>85</td></tr>
<tr><td>11</td><td>73.8</td><td>74.8</td><td>75.8</td><td>76.8</td><td>77.8</td><td>78.8</td><td>79.8</td><td>80.8</td><td>81.8</td><td>82.8</td><td>83.8</td><td>84.8</td><td>85.8</td><td>86.8</td><td>87.8</td></tr>
<tr><td>12</td><td>76</td><td>77</td><td>78</td><td>79</td><td>80</td><td>81</td><td>82</td><td>83</td><td>84</td><td>85</td><td>86</td><td>87</td><td>88</td><td>89</td><td>90</td></tr>
<tr><td>13</td><td>77.8</td><td>78.8</td><td>79.8</td><td>80.8</td><td>81.8</td><td>82.8</td><td>83.8</td><td>84.8</td><td>85.8</td><td>86.8</td><td>87.8</td><td>88.8</td><td>89.8</td><td>90.8</td><td>91.8</td></tr>
<tr><td>14</td><td>79</td><td>80</td><td>81</td><td>82</td><td>83</td><td>84</td><td>85</td><td>86</td><td>87</td><td>88</td><td>89</td><td>90</td><td>91</td><td>92</td><td>93</td></tr>
<tr><td>15</td><td>79.8</td><td>80.8</td><td>81.8</td><td>82.8</td><td>83.8</td><td>84.8</td><td>85.8</td><td>86.8</td><td>87.8</td><td>88.8</td><td>89.8</td><td>90.8</td><td>91.8</td><td>92.8</td><td>93.8</td></tr>
<tr><td>16</td><td>80</td><td>81</td><td>82</td><td>83</td><td>84</td><td>85</td><td>86</td><td>87</td><td>88</td><td>89</td><td>90</td><td>91</td><td>92</td><td>93</td><td>94</td></tr>
<tr><td>17</td><td>79.8</td><td>80.8</td><td>81.8</td><td>82.8</td><td>83.8</td><td>84.8</td><td>85.8</td><td>86.8</td><td>87.8</td><td>88.8</td><td>89.8</td><td>90.8</td><td>91.8</td><td>92.8</td><td>93.8</td></tr>
<tr><td>18</td><td>79</td><td>80</td><td>81</td><td>82</td><td>83</td><td>84</td><td>85</td><td>86</td><td>87</td><td>88</td><td>89</td><td>90</td><td>91</td><td>92</td><td>93</td></tr>
<tr><td>19</td><td>77.8</td><td>78.8</td><td>79.8</td><td>80.8</td><td>81.8</td><td>82.8</td><td>83.8</td><td>84.8</td><td>85.8</td><td>86.8</td><td>87.8</td><td>88.8</td><td>89.8</td><td>90.8</td><td>91.8</td></tr>
<tr><td>20</td><td>76</td><td>77</td><td>78</td><td>79</td><td>80</td><td>81</td><td>82</td><td>83</td><td>84</td><td>85</td><td>86</td><td>87</td><td>88</td><td>89</td><td>90</td></tr>
<tr><td>21</td><td>73.8</td><td>74.8</td><td>75.8</td><td>76.8</td><td>77.8</td><td>78.8</td><td>79.8</td><td>80.8</td><td>81.8</td><td>82.8</td><td>83.8</td><td>84.8</td><td>85.8</td><td>86.8</td><td>87.8</td></tr>
<tr><td>22</td><td>71</td><td>72</td><td>73</td><td>74</td><td>75</td><td>76</td><td>77</td><td>78</td><td>79</td><td>80</td><td>81</td><td>82</td><td>83</td><td>84</td><td>85</td></tr>
<tr><td>23</td><td>67.8</td><td>68.8</td><td>69.8</td><td>70.8</td><td>71.8</td><td>72.8</td><td>73.8</td><td>74.8</td><td>75.8</td><td>76.8</td><td>77.8</td><td>78.8</td><td>79.8</td><td>80.8</td><td>81.8</td></tr>
<tr><td>24</td><td>64</td><td>65</td><td>66</td><td>67</td><td>68</td><td>69</td><td>70</td><td>71</td><td>72</td><td>73</td><td>74</td><td>75</td><td>76</td><td>77</td><td>78</td></tr>
<tr><td>25</td><td>59.8</td><td>60.8</td><td>61.8</td><td>62.8</td><td>63.8</td><td>64.8</td><td>65.8</td><td>66.8</td><td>67.8</td><td>68.8</td><td>69.8</td><td>70.8</td><td>71.8</td><td>72.8</td><td>73.8</td></tr>
</table>

何がしか学んで帰って頂きたかったので，急遽9人用の実験に変えた．その結果折れる回数が1回増えた．ちなみに被験者を8人と想定して準備をしていたモデルは以下のようなものであった：

- 全家計の集合：$\{1,2,3,4,5,6,7,8\}$
- Lのみを有する家計の集合：$\{1,2,3,4\}$
- Lのみを有する家計の個別賦存量：$\bar{x}_i=0$, $\bar{\ell}_i=35$, $i\in\{1,2,3,4\}$
- Xのみを有する家計の集合：$\{5,6,7,8\}$
- Xのみを有する家計の個別賦存量：$\bar{x}_i=12$, $\bar{\ell}_i=0$, $i\in\{5,6,7,8\}$
- 効用関数：$w_i(x_i)+\ell_i=8x_i-\frac{1}{2}(x_i)+\ell_i$

このとき $(\bar{x}_i,\bar{\ell}_i)=(12,0)$ である家計5, 6, 7, 8のXの需要関数は

$$x=\begin{cases}12 & if \quad p<2 \\ 16-2p & if \quad 2\leq p\leq 8 \\ 0 & if \quad p>8\end{cases}$$

となる．これを集計すると，市場の総需要関数は

$$x=\begin{cases}4(16-2p)+4\times 12=112-8p & if \quad p<2 \\ 8(16-2p)=128-16p & if \quad 2\leq p\leq 8 \\ 0 & if \quad p>8\end{cases}$$

と導出でき，需要曲線は$p=2$で1回折れる．次にXのみを有する家計の集合$\{5,6,7,8\}$について

- Xのみを有する家計の個別賦存量：$\bar{x}_i=20$, $\bar{\ell}_i=0$, $i\in\{5,6,7,8\}$

と条件が変わると家計5, 6, 7, 8, 9のXの需要関数は

$$x=\begin{cases}16-2p & if \quad p\leq 8 \\ 0 & if \quad p>8\end{cases}$$

となり，市場の総需要関数は

$$x = \begin{cases} 8(16-2p) = 128 - 16p & if \quad p \leq 8 \\ 0 & if \quad p > 8 \end{cases}$$

となる．このときの均衡価格 p^{**} は総需要＝総賦存量 80（$= 4 \times 20$）の式

$$128 - 16p^{**} = 80$$

により $p^{**} = 3$ と求められる．

5.2　再実験の結果発表

　この実験を筆者は 2005 年 5 月 17 日（火）神戸大学の大学院経済学研究科の授業中に行った．被験者は大学院生 7 名，神戸大学の専任教員 1 名の計 9 名であった．前回のダブルオークションの実験に引き続き参加した被験者は，大学院生 4 名と専任教員 1 名である．

　実験の手順はまず各被験者に得点表を，うち 5 名に「アイテム（X）」のカードを，4 名に「キャッシュ（L）」のカードを配布し，注意をまじえつつインストラクションを音読した．実験は前半として 4 分のダブルオークションを 1 ラウンドと 3 分のダブルオークションを 4 ラウンド，後半として売手の商品の数を増やし 3 分のダブルオークションを 4 ラウンド行った．また今回はキャッシュのカードが相当の枚数を必要とし取引に時間がかかったため，途中から商品の買手が自分の手持ちのキャッシュ額を超えないように売手に支払う金額を書いた紙を手渡し 1 ラウンド終了時決済という「小切手払い」方式に切り替えた．この方式は，実験のスピードを格段に速め，被験者からも好評であった．

　そして実際の実験の結果は図 5.3 のようになった．これには次のような特徴が見られる．

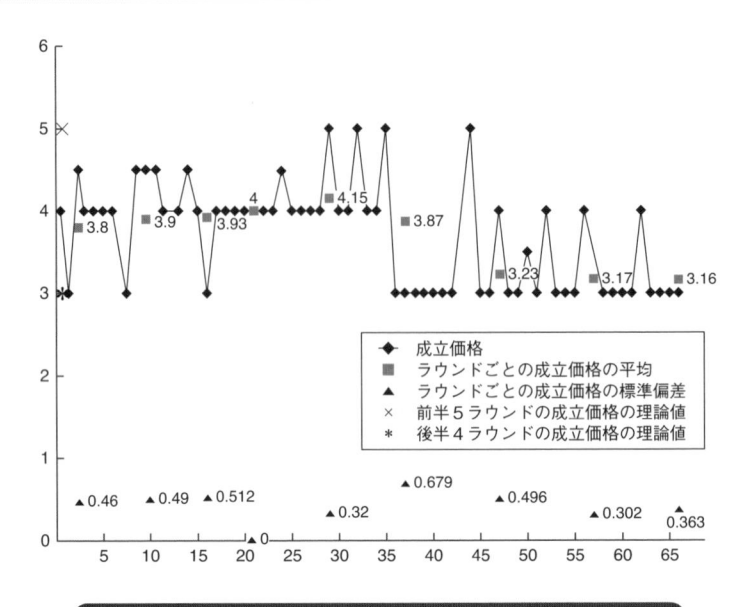

図5.3 ダブルオークション（2005年5月17日）の実験結果

1. 前半の平均価格は，3.8→3.9→3.93→4.0→4.15 と理論値5に向け上昇している．
2. 前半の成立価格の標準偏差は，0.460→0.490→0.512→0→0.320 と急速に減っている．
3. 後半の平均価格は，3.87→3.23→3.17→3.16 と理論値3に向け下落している．
4. 後半の成立価格の標準偏差は，0.679→0.495→0.302→0.363 と急速に減っている．
5. 後半の成立価格の最頻値は理論値3，取引が成立した91個中72個（8割）を占める．

なお前回今回と連続して参加した学生に聞いたが，今回の実験が（スケーリングを行ったという意味で）前回の実験と本質的に同じであることに気づいた者は誰もいなかった．実験の設定から言って，価格は1から8までならどれでも成立の可能性はある．それを売手はなるべく高く売り，買手はなるべく安く買う．市場にある商品の量が求められている量より少ないときは価格が上昇し，多いときは価格が下落し，そして最終的に成立価格は3の周辺に集まった．筆者はこの実験には「神の見えざる手」が降臨した，つまりダブルオークションにより完全競争均衡が達成されたと言ってよいと思う．

そして，万全の設備とリピーターの被験者により，理論通りの結果が出て当たり前だと筆者が思っていたカリフォルニア工科大学での実験と比較することで次のことを学んだ．すなわち，ダブルオークションを通じて完全競争均衡つまりパレート最適が達成されるためには，実験の環境を整え情報を公開し参加者に自由に取引をさせればいいというわけではなく，参加者が自己の利益を高める取引の要領を理解しそれを使いこなせなければならない，ということである．予想不可能な自然現象にも迅速な価格の調整で対応する青果市場や海鮮市場の日々の取引には，一般人には模倣できないプロフェッショナリズムが要求されることが知られているが，それがなぜなのかが筆者は今回の実験を通じてよくわかった．

5.3　部分均衡モデルを少し越えて

ヴァーノン・スミスが，部分均衡モデルにおけるダブルオークションと完全競争市場の同値性を発見して以来，市場に関する実験研究はこの結果の頑健性を検証する研究と「非対称情報」や「資産市場」など部分均衡モデルを応用する研究への流れをたどる．その一方で，「囚人のディレンマ」や「最後通牒ゲーム」などの非協力ゲームのモデル，および「公共財生産への自発的寄附」や「オークション」（ダブルオークションでない美術品や骨董品な

どの競売で見られるもの）など市場と非協力ゲームの両方の側面を持つモデルの実験研究が盛んとなり，その傾向は現在も続いている（たとえば，Smith（1982），Douglas & Holt（1993），Kagel & Roth（1995）を参照）．これらのテーマはすべて，非対称情報，期待形成（バブル），そして戦略的意思決定という 80 年代以降の経済学全体の関心とも合致していたので，この分野では多くの実験経済学者が研究成果を挙げ学界の注目を集めた．

しかし，ここで考えてみよう．部分均衡モデルで表現できない経済でも，非対称情報や期待形成や戦略的意思決定の問題がなければ，ダブルオークションという取引方式は滞りなく動き経済をパレート最適に導くのであろうか．「神の見えざる手」は降臨するのであろうか．次のような例を考えて頂きたい．

> 「A さんはワイン（alcohol）職人，C さんはチーズ（cheese）職人である．A さんは自分のワインの何本かを C さんのチーズ何個かと交換したい．しかし，C さんはお酒が飲めないので，2 人の間に交換は成立しない．しかし，そこに B さんというパン（bread）職人が現れてワインとパンとの交換に応じると言い，C さんはパンとチーズとの交換なら応じると言った．これで A さんの願いは叶う．A さんはワインを一旦 B さんのパンと交換し，そのパンと C さんのチーズと交換すればよいからである．」

これは物々交換の成立には「自分が欲しいものを相手が持っている」「相手が欲しいものを自分も持っている」という「欲望の二重の一致（double coincidence of wants）」が必要で，それゆえ，それ自体は消費者に効用を与えない単なる交換手段としての貨幣が出現したという有名なたとえ話を基にしている．オリジナルの話の主張は，ワインが欲しいパン職人の登場ではなく，貨幣の発明である．だが，筆者は A さんと C さんの間に貨幣と無関係に B さんのような人が現れる場であることは，市場の純粋に重要な役割の

一つだと思う．

　市場はしばしば「需要と供給が出会う場」であると定義される．筆者は上のような考えから，同時に「需要と供給が生まれる場」であるとも言いたい．上の例で説明すると，AさんとCさんが出会っても交換の利益は何もない（エッジワース・ボックスをご存知の読者は，ワインの数量が横軸でチーズの数量が縦軸の座標平面に，AさんがワインだけをCさんがチーズだけを持っている状態の箱を描き，ワインとチーズから効用を得るAさんの無差別曲線とチーズからしか効用を得ない水平な無差別曲線を重ねて描いてみるとよい）．したがって，AさんとCさんからなる経済において「交換しない」という競争均衡は定義の上からは確かにパレート最適である．だが，この場合のパレート最適にそれほど意味があるだろうか．ここにBさんが登場すると，Aさんの需要とCさんの供給は命を吹きこまれ，市場が動き出す．この3人の取引による競争均衡ならばパレート最適の名にふさわしいと筆者は思う．

　さて上記の問題であるが，部分均衡モデルでは絶対に表現できない．なぜならば，商品が少なくとも3種類なければならないからである．非対称情報や期待形成や戦略的意思決定の問題は全く無関係である．この部分均衡モデルでは表現できない3財の一般均衡モデルでも，ダブルオークションは完全競争均衡の配分，つまりパレート最適を達成するかについて，筆者は1998年からカリフォルニア工科大学でチャールズ・プロット教授と学生2名とで共同研究を行った．部分均衡モデルとの最も大きな違いは複数の市場で取引が行われることである．われわれの当初の予想は，3種類の商品の取引でも，実験の設定を正しく行い，ダブルオークションの経験がある学生を被験者にすれば，ダブルオークションの取引価格は完全競争均衡に収束する，というものであった．そのために，カリフォルニア工科大学のプログラマーに依頼し，コンピューターの画面が複数の市場取引の画面に切り替わり，それぞれの市場での取引をオンライン上で可能なように自前で設定してもらった．

　また，理論上ワルラスの調整過程，つまりタトヌマンが価格を完全競争均

衡に導かない場合があるということを示した有名な例が，上で紹介した3人市場の話に効用関数の特定化を行うだけでぴったりあてはまった．その例とは，イェール大学のハーバート・スカーフ教授（米）が International Economic Review の論文 [Scarf (1960)] において発表したもので，先のたとえ話を使って言えば次のような話になる．ワインを持つA，チーズを持つC，パンを持つBがそれぞれワインとチーズ，チーズとパン，パンとワインの比率をかたくなに守って消費し，それにあぶれた商品には全く価値を認めない効用関数を有するとしよう[2]．このような人々が取引をする経済においては価格を超過需要のとき上げ，超過供給のとき下げるタトヌマンでは価格が競争均衡へ収束せず，商品すべての価格は同じパターンの上昇下降＝「極限循環 (limit cycle)」を延々と繰り返すというのだ．

　筆者たちは敢えてこのスカーフの例を実験モデルの題材に選んだ．われわれ，特にプロットが当時抱いていたダブルオークションへの信頼はまさに「神の見えざる手」で，必ず価格を競争均衡の水準に導くと信じていた．それゆえ，タトヌマンでは収束しないことで有名なスカーフの例の実験で収束を示せば，ダブルオークションは理論上不可能であった競争均衡まで達成するメカニズムとしてその信頼はますます高まるであろうと考えた．まさに，ダブルオークションが野球の選手で，ファンが「並外れた力の長距離打者だから，たとえ計算上ホームランにならない逆風でもボールをスタンドに入れ

---

[2] Aさんの効用関数を表現すると，ワインの消費量を x_A，チーズの消費量を y_A とすれば，$U^A(x_A, y_A) = \min\left\{\dfrac{x_A}{\alpha}, \dfrac{y_A}{\beta}\right\}$，ただし $\alpha:\beta$ はワインとチーズを消費する比，$\min\left\{\dfrac{x_A}{\alpha}, \dfrac{y_A}{\beta}\right\}$ は $\left\{\dfrac{x_A}{\alpha}, \dfrac{y_A}{\beta}\right\}$ 「のうち大きくない方の値」となる．たとえば，$\alpha=1$，$\beta=2$ ならばAさんはワイン1杯当たりに対しチーズ2個を消費することに価値があり，もしチーズが1個ならばワインは0.5杯でよく，ワインがそれより多くても満足度は0.5杯のときと変わらない（植物の成長に対して必要な水と養分の量を決める「最小律」と同じ考え）．CさんとBさんの効用関数も同様である．この効用関数はレオンチェフ型 (Leontief type) と呼ばれる．この効用関数から導ける需要関数はどの財のものも常に所得額に比例する．

5.3 部分均衡モデルを少し越えて

るであろう」と期待したようなものであった．筆者はプロットのチェックを受けながらスカーフの例をもとに実験可能なモデルを書いてみた．オリジナルではすべての商品が対称的（商品の名前をつけかえてもモデルが変わらない）であったが，それにスケーリングを施して非対称になるようにモデルを組み，完全競争均衡を計算し，インストラクションを書いた．プロットからインストラクションの書き直しを命じられた回数は多過ぎて記憶がない．

そして実験は行われた．被験者は先のA, C, Bそれぞれのタイプになる者をそれぞれ5名ずつで計15名であった．結果であるが，価格は競争均衡に収束しなかった．プロットは驚いたが，実験の失敗であろうと最初は言っていた．だが，筆者は翌日成立価格の平均値を時系列のグラフにしたとき実験は失敗していないと確信した．価格の動きがサイクルを描いていたからだ．極限循環である．グラフを見せたとき，プロットは前日よりもっと驚いた．だがこれはある意味当然であった．理論通りだからである．筆者達はいつの間にかダブルオークションは「忠実に収束を達成する取引方式」だと勘違いしていたが，正しくは「忠実にタトヌマンの動きに沿って価格調整をする取引方式」であったのだ．

筆者たちの研究チームは，さらに廣田正義（元東京理科大教授）の論文[Hirota (1981)]におけるスカーフの例に関する理論的結果も確かめることにした．廣田はスカーフの例と同じ効用関数を有する3タイプの個人が形成する市場でも，初期保有の配分の仕方により，価格が極限循環になるときと競争均衡に収束するときが存在することを証明していた．われわれは被験者を変え被験者への初期保有のパターンを変えて，同じ実験を何度も行った．結果はすべて理論通りになり，理論上価格の変動が極限循環になるときは極限循環，収束するときは収束した．詳しくは論文[Anderson et al. (2004)]にまとめられている[3]．

これから何がわかったか．先のA, C, Bの例で考えてみると，たとえ参加者全員の効用が初期状態より上がることが保証される競争均衡が存在しても，効用関数や初期保有が私的情報で非公開ならば，ダブルオークションが

競争均衡を達成することは絶対ではないのである．つまり，理論上タトヌマンによる収束が保証されなかったら，ダブルオークションの実験でも価格は競争均衡へは収束しない傾向があることがわかった．市場が開かれることで A，C，B の需要と供給が動き出すことはパレート最適の状態を実現するための必要条件ではあるが，十分条件ではないのである．その意味ではダブルオークションで現れるのは「神の見えざる手」ではなく，「競売人（auctioneer）の見えざる手」であると言う方が正確である．これは，ヴァーノン・スミスの実験以来常に競争均衡への収束が観察されてきた部分均衡モデルではわからなかったことであった．

[参考文献]

Anderson, Christopher M., Charles R. Plott, Ken-Ichi Shimomura, and Sander Granat (2004), "Global Instability in Experimental General Equilibrium: the Scarf Example," *Journal of Economic Theory* 115, 209–249.

Crockett, Sean, Ryan Oprea, and Charles R. Plott (2011), "Extreme Walrasian Dynamics: the Gale Example in the Lab," *American Economic Review* 101, 3196–3220.

Davis, Douglas D., and Charles A. Holt (1993), *Experimental Economics*, Princeton University Press.

Gale, David (1963), "A Note on Global Instability of Competitive Equilibrium," *Naval Research Logistics Quarterly* 10, 81–87.

Hirota, Masayoshi (1981), "On the Stability of Competitive Equilibrium and the Patterns of Initial Holdings: An Example," *International Economic Review* 22, 461–467.

Hirota, Masayoshi, Charles R. Plott, Ming Hsu, and Brian Rogers (2005), *Divergence, Closed Cycles and Convergence in Scarf Environments: Experiments in the Dynamics of General Equilibrium Systems*, mimeo., California Institute of Technology.

Kagel John H., and Alvin E. Roth (eds.) (1995), *Handbook of Experimental Economics*,

---

3 Hirota, Plott, Hsu, and Rogers (2005) により，スカーフの例において価格が発散するケースも理論とダブルオークションの結果が一致することが報告されている．また，Crocklett, Oprea, and Plott (2011) により，デビッド・ゲールが理論的に価格が発散することを示した例 [Gale (1963)] を用い理論とダブルオークションの結果が一致することが報告された．

5.3 部分均衡モデルを少し越えて

Princeton University Press.

Scarf, Herbert (1960), "Some Examples of Global Instability of the Competitive Equilibrium," *International Economic Review* 1, 157–171.

Smith, Vernon L. (1982), "Microeconomic Systems as an Experimental Science," *American Economic Review* 72, 923–955.

第6章 外部性：完全競争市場の中で

6.1 村のおきて

　目の前に『新しい社会・歴史』(1986) というタイトルの本がある．中学生用の歴史の教科書である．筆者が大学院生のときアルバイトで学習塾の講師をしていたとき，社会担当ではなかったが，参考用に渡されたものだ．自宅で経済学の本と同じ書棚に入れておいたが，引越しの度にそのまま経済学の本と一緒に動かしていたら，大学の研究室まで30年以上一緒に付いて来た．この本の中に次のような記述がある．

　村のおきて（部分要約から筆者が抜粋）
　一，　祭りのときの塩やみそなどは，神主が用意をし，代金は村で払うこと．
　一，　村の共有地と，私有地との境目の争いは，金ですますこと．
　一，　犬を飼わないこと．
　（川田侃・尾藤正英・山鹿誠次他『新しい社会・歴史』1986, p.97 より抜粋）

注釈として「これは近江国（滋賀県）のある村で，1489年に定めた農民のおきてである．農民たちの生活の様子がうかがわれる」とある．1489（延徳

元）年は室町時代，応仁の乱（1467-1477）が終わって12年後で，隣の京都で銀閣寺が造られた年である．これを経済学の目で見れば，それぞれの「おきて」は上から順に公共財，土地（有形物）の所有権，犬を飼わない者の環境（無形物）の所有権に関するものとなろう．市場（マーケット）と道徳（モラル）で自発的に解決できない問題の種類は500年以上前も現在と共通しており，庶民に上のような行動をとってもらうには規則（ルール）を定める（あるいは規則によって市場を作ったり道徳を認識させたりする）しかないという結論に至ったことも同じである．ちなみに違反したらどうなるか，つまり規則遵守の誘因（インセンティブ）については書かれていない．「村八分」だろうか[1]．

「祭り」は地域の公共サービスの費用負担，「共有地・私有地」は土地所有権，「犬を飼わないこと」は嫌犬権（けんけんけん．こんな言葉はないと思っていたがネットで検索すると実際はかなり使われていることが判明した）に相当するであろうか[2]．今の世の中では，公共サービスの費用負担に関しては地域で何らかのルールが定まっていれば問題は解決可能である（ただし，負担の徴収のやり方は国や地方自治体の税金であったり，町内会の自治会費であったり，自発的な寄附に頼ったりとさまざまであり，その経済効率性に関してはそれぞれについて問題が残っている）．土地所有権に関しては登記簿が完備されていれば，合法的に今も金銭による解決が可能である．

それに比べて嫌犬権の解決は今も難しい．「ペット可」「ペット不可」というルールの定まっているマンションならば，どちらを選ぶかで「犬が近くにいてもよい」か「犬は近くにいない」という状況の選択が可能である．しか

---

[1] 経済実験は「実験のおきて」に違反したら，第4章で述べたように，研究のための実験と認められない．

[2] 江戸幕府の5代将軍徳川綱吉は1687年から数回に分けて制定した「生類憐れみの令」において「飼う」という行為は犬の虐待にあたるという意図で同じ法律を定めている．1974年には同様の理由で，ニホンザルをつないで電車の運転手にしていた上野動物園の「おさるの電車」が廃止になった．

し，犬の苦手な人がルールの定まっていないマンション（今のご時世でも存在するかは定かでない[3]），あるいは一戸建てに住んでいて隣に犬を飼う人が引っ越してきたら話は厄介であろう．隣家の犬の鳴き声がうるさいのが気になって体調を壊した方の話，ひどいケースで奥さんが流産してしまった話を間接的に聞いたことがある（いずれも正確な因果関係についてはわかっていない）．一方で犬を飼い始めたことで生活が明るくなったという話も数多く，それゆえ世界各地で愛玩用として犬は人間と共生している．そして，ペットの種類も犬や猫から，ヘビ，サソリ，イグアナ，タランチュラ，カミツキガメと多様化した．1970年代ならばテレビの世界でも善玉の改造人間と戦わせる怪人を作るという特殊な目的で世界征服を企む悪の秘密結社が飼育したくらいの前例しかなかった生き物が一般家庭でも飼育可能になったのである．数年前の日本ではまだ馴染んでいなかった「分煙」のように，今後は「分獣」が課題となるかもしれない．

6.2　悪影響と好影響

　このペットの問題，最近以前ほど聞かなくなった日照権の問題，そして何よりも長い歴史と多くの事例のある騒音の問題など，個人が近隣の住民の所有物や行動から迷惑を被る話は，問題を引き起こすモノの差こそあれ，人口密度と集中度の高い日本では室町時代以前から存在したであろうし，今後もなくなることはないであろう．どれにも共通していることは，問題のモノの

---

[3]　最近はニシキヘビやダイオウサソリをペットとして飼う人もいる（そのうち「蛇蝎のように可愛がる」という表現もできるかもしれない）．「ペット可」のマンションでも同じ棟でこれらが飼われていると聞いただけでも，安眠できなくなる住民はいるのではないだろうか．「ペット可」「ペット不可」だけの二分法が通用しなくなり，「ペット可．ただし，ヘビ，サソリ，イグアナ，タランチュラ，カミツキガメを除く」と但し書きがつく日は近いのではないか．

所有者は自分のためにそのモノを持っていて使っているのであり，人様や人様のモノには指一本触れていない．つまり他者への迷惑は，自分の選択に伴って付随的にモノから発生しているのである．

　また企業の世界でも，工場の煤煙や廃液が，近隣の農林水産業の活動に対して損害を与えた事例も枚挙にいとまがない．同時にこれらが住民の人体に対して直接的に，あるいは食べ物を通じて間接的に大規模な悪影響を及ぼした日本の歴史的な事例が 1950 年代から 60 年代にかけて起きた「公害」である．同時期の第二次産業の発展は間違いなく日本の高度成長の原動力であったが，その背後で公害により障害を持って生まれた人，健康を害した人，そして亡くなった人がいた．現代の環境問題としては，地球温暖化や森林伐採などどちらかと言えば次世代の人々の生活を意識したものが多いが，公害はまさにその時代を生きている人々の生活を左右した．そして，それらの工場はただ世の中に役立つ製品を製造することが目的だったのであり，公害はそれに付随して発生したことは言うまでもない．

　そして現代は情報に関する問題が存在する．ネット掲示板への書き込みにより，新しいタイプの犯罪や自殺が誘発されている．誘発を目的に書かれたものもあるが，単なる個人の空想の公表あるいは悪戯が，他人を刺激して不適切な行動を起こさせたものも多い．また出版業界や放送業界では，印刷物や報道の内容がたとえ事実であり庶民が知って満足するものや知るべきであるものでも個人のプライバシーに抵触するものであったら，裁判になるケースがある．企業の業務の遂行によりプライバシーの侵害が発生したのだ．これらの場合，当事者同士が近隣にいるかいないかは全く関係なく，むしろ物理的心理的に遠くに存在している知らない人に影響が及んでいる．情報伝達手段の発達は，そのサービスの質の向上とともに，個人や企業の行動に伴う付随的な影響までより広範・迅速かつ強烈なものにしてしまった．

　しかしこの個人や企業の行動に伴う付随的な影響は悪いものばかりではない．好影響もある．筆者は家にペットを飼っていない上に庭もないが，近所の家の庭の犬や花を見ると心が癒される．筆者の大学の研究室の窓の外に大

学が高い木を植えているが，夕方当たる西陽をさえぎってくれてちょうど良い．一方近隣の企業の話だと，伊丹空港が終点である大阪モノレールとの乗換駅である蛍池（ほたるがいけ）に阪急宝塚線の急行電車が2003年から停まるようになった出来事がある．おかげで伊丹空港と阪急沿線駅との交通の便が非常に便利になった．それに伴い両方の路線の利用客数が増えたことが，当時この線に乗るとありありとわかった．

しかし，好影響は悪影響ほど話題にならない．前者は好ましいことなので放っておいても大丈夫だが，後者は正さなければならないので当然のことであろう．同じ理由で経済学の分析対象となり，政策を考えるターゲットとなるのはもっぱら後者である．

6.3 外部性とは

それでは専門用語を導入する．まずこれまで想定した私的財経済の主体の特性，消費者の選好（効用関数）や企業の技術（費用関数）を思い出そう．そこでは消費者の選好は自身が消費する財の数量のみに依存し，他の消費者が消費する財や企業が生産する財の数量には依存しない．また企業の技術も他企業の生産量には依存していない．つまり個別の経済活動が完全に分割可能な（decomposable）状況を考えていた．

以下では必ずしもこうした分割可能性が完全には成立しない，今まで「悪影響」「好影響」の例で考えてきたような，分割不能な（indecomposable）状況を考える．ある経済主体 a の消費や生産の活動が，付随的に他の経済主体の特性に直接影響を与えるとき，経済主体 a は経済主体 b に対して技術的外部性（technological externality）あるいは単に外部性（externality）がある，あるいは外部効果（external effect）を及ぼすという．

他の条件を一定とし，経済主体 a の消費量または生産量が増加したとき，経済主体の効用が下がるか費用が上がるかする「悪影響」の外部性は外部不

経済（external diseconomy），逆に効用が上がるか費用が下がるかする「好影響」の外部性は外部経済（external economy）と呼ばれる．一方経済主体の生産・消費活動が，市場機構を通じて間接的に（「戦略的に」を含む）影響を与える効果は金銭的外部性（pecuniary externality）と呼んで区別される．前節までに挙げた例はすべて技術的外部性に属し，消費税の引き上げやイベントの開催などに伴う通常の意味での「経済効果」は金銭的外部性に属する．この区別は結構難しいが，市場取引が（したがって価格も）ない状況で消費者と企業がそれぞれ行動をとる場合を考えればよい．この状況で誰かの選好か技術が変わるのが技術的外部性，これだけの状況では誰の選好も技術も変わらないのが金銭的外部性である．

それでは外部性，正確には技術的外部性，のある経済の簡単な部分均衡モデルを提示する．商品は「X, L」の2種類で，Xは消費財で生産物，Lは再生産不能な消費財かつ生産要素でニュメレール（労働を考える）とする．企業は「企業1，企業2」の2つ，消費者はm人存在し，消費者の集合をIで表す．同じ地域，あるいは海か湖のほとり，で企業1，2はともに商品Xを生産するとしよう．それぞれの企業はともにXの総生産量（つまり企業1の生産量と企業2の生産量の和）が多ければ多いほど市場を通じなくても技術（あるいは生産環境）に悪影響，つまり外部不経済，を受け，同じ量の生産を行うにも他企業の生産量が多ければ多額の費用がかかる．

企業1，2のXの生産量をそれぞれx_1，x_2，企業1，2が「所与とする」Xの総生産量をxで表す．またLで測った企業j（$j=1,2$）の費用関数を$c^j(x_j,x)=\nu_j(x_j)e_j(x)+f_j$とする．この経済では企業$j$の可変費用は$\nu_j(x_j)e_j(x)$であり，限界費用は$c^j(x_j,x)$を$x_j$で微分した$\nu'_j(x_j)e_j(x)$である．ここで「$x$は$X$の総生産量だから$x=x_1+x_2$．よって限界費用は$c^j(x_j,x_1+x_2)$を$x_j$で微分した$\nu'_j(x_j)e_j(x)+\nu_j(x_j)e'_j(x)$ではないか」という疑問が出て当然であるが，そうではない．理由の1つは，「$x=x_1+x_2$」は後で定義する「実現可能配分」においてのみ要求される産業全体の整合性であることによる．もう1つは，各企業は自身の生産量がどのような形で外部性を形成しているか（つ

まり $e_j(x)$ の関数形）は知ることはなく，常に各時点での技術の水準（つまり $e_j(x)$ の値）を定数（パラメーター）として認識するからである．この企業は個別には「各自が属する全体の集計効果を各自は所与とみなす」という考え方は「マーシャル的外部性（Marshallian externality）」という企業集積の外部経済を論じるときも用いられるものであり，寡占の状況における「各自が属する産業の集計量を各自は自己の生産活動を通じて操作する」という企業の戦略的行動と対極をなす．馴染みのない方はどう思われるだろうか．筆者は初めて聞いたとき奇異に感じたが，技術的外部性の定義に立ち返って考え，各企業が他企業および産業全体のことを熟知する寡占のような世界ではないことを前提とすることで納得できた．

次に設定を変え，企業が個別にではなく仮に協力してこの経済において商品 X を x 単位生産するための合計費用を最小にする行動を考えよう．その解である

$$C(x) = \min\{c^1(x_1,x) + c^2(x_2,x) \mid x_1 + x_2 = x\}$$

は社会的費用（social cost），関数 C は社会的費用関数（social cost function）と呼ばれる．商品 X の社会的限界費用（social marginal cost）は

$$C'(x) = \nu_1'(x_1)e_1(x) + \nu_1(x_1)e_1'(x) + \nu_2(x_2)e_2'(x)$$
$$= \nu_1(x_1)e_1'(x) + \nu_2'(x_2)e_2(x) + \nu_2(x_2)e_2'(x)$$

となる．ここで，X の社会的限界費用は企業の X の限界費用と異なることに注意しよう．一般に企業間に外部性が存在する経済では，生産物の社会的限界費用と個別企業の限界費用は乖離する．このため，個別企業の限界費用は私的限界費用（private marginal cost）とも呼ばれる．そして，社会的限界費用と私的限界費用の差（企業1の例だと $\nu_1(x_1)e_1'(x) + \nu_2(x_2)e_2'(x)$）は限界外部費用（marginal external cost）と呼ばれる[4]．この関係を一般式で書く

---

4 「外部限界費用（external marginal cost）」とはめったに言われないようである．

と「社会的限界費用＝私的限界費用＋限界外部費用」となり，この足し算の関係は関数形にかかわらず成立する．また，この状態で限界外部費用が負ならば「社会的限界費用＜私的限界費用」となり外部経済が，限界外部費用が正ならば「社会的限界費用＞私的限界費用」となり外部不経済が生じている．

各消費者 $i \in I$ の効用関数は，L に対する限界効用が常に1である準線形の関数 $U^i(x_i, \ell_i) = w_i(x_i) + \ell_i$，ただし x_i，ℓ_i はそれぞれ消費者 i の X，L の消費量，という形で表現できるものとする．この経済の X，L の社会的賦存量は，それぞれ 0，$\bar{\ell}$ とする．ここで企業1, 2が生産する X の量をそれぞれ x_1，x_2 とする．商品 X は私的財であり，各消費者 $i \in I$ の消費は一般に多様なパターンを取るので，商品 X の消費量をそれぞれ x_i で表す．ここで X 産業全体の整合性「$x = x_1 + x_2$」を要求すると，商品 X の生産に必要な L は $c^1(x_1, x_1+x_2) + c^2(x_2, x_1+x_2)$ となり，この L と家計が消費する L は社会的賦存量から配分されなければならない．よって，この経済の実現可能配分 (feasible allocation) を，個別企業の生産と産業全体の総生産が整合的で社会的賦存量を用いて可能であり，かつ消費と生産がバランスしている状態，つまり

$$c^1(x_1, x_1+x_2) + c^2(x_2, x_1+x_2) + \sum_{i \in I} \ell_i = \bar{\ell}, \sum_{i \in I} x_i = x_1 + x_2$$

を満たす非負の実数 x_1，x_2 が存在するような非負の実数の組 $(x_i, \ell_i)_{i \in I}$ で定義される．

外部性経済におけるパレート最適 (Pareto optimum) も「実現可能配分で，どの消費者の効用も下げずに少なくとも1人の消費者の効用を上げるような他の実現可能配分が存在しないもの」として定義される．これを特徴づける限界条件は

$$w^{i\prime}(x_i) = \nu_1'(x_1) e_1(x) + \nu_1(x_1) e_1'(x) + \nu_2(x_2) e_2'(x)$$
$$= \nu_1(x_1) e_1'(x) + \nu_2'(x_2) e_2(x) + \nu_2(x_2) e_2'(x) \quad \text{for all} \quad i \in I$$

すなわち「各消費者の限界効用＝社会的限界費用」となる．これは生産に外

部性のある経済のモデルにおいては準線形とは限らない一般の効用関数，および一般の生産関数を用いることにより「全消費者の限界代替率の合計＝社会的限界変形率」と表現できる[5]．これらの条件は，外部性のないときのパレート最適の条件「各消費者の限界効用＝限界費用」（部分均衡モデル），あるいは「各消費者の限界代替率＝限界変形率」（一般の場合）の一般化になっている．

6.4 外部性経済の競争均衡：非課税の場合

[1] 外部性経済における経済主体の行動と市場のワルラス法則

このように企業の生産活動がそれぞれの技術に影響を及ぼす環境において運行する完全競争市場とはどのようなものか考えよう．まず生産や交換が行われる前の消費者の資産を定義する．財 L の賦存量の所有権と企業 1，2 への利潤請求権の一覧が全消費者への資産分配として賦与されるとし，各消費者 i のポートフォリオ（L の個人賦存量，企業 1 に有する利潤分配率，企業 2 に有する利潤分配率）を $(\bar{\ell}_i, \theta_{i1}, \theta_{i2})$，ただし $\sum_{i \in I} \bar{\ell}_i = \bar{\ell}$ かつ $\sum_{i \in I} \theta_{i1} = 1 = \sum_{i \in I} \theta_{i2}$，で表す．これを用い経済主体の最大化行動と市場を記述する．

満を持して X の価格 p の登場である．まず，X の価格 p と総生産量 x を所与として企業 1，2 がそれぞれ x_1，x_2 を生産するとしよう．理解を助けるため，所与とされる x は一期前に計画された企業 1，2 の生産量の和だと解釈するとよい．したがって，前期の x と今期の x_1，x_2 の間で $x = x_1 + x_2$ が成立する必然性はない．このとき企業 j（$j=1,2$）の収入は px_j，費用は $c^j(x_j, x)$，利潤は $px_j - c^j(x_j, x)$ となる．一方，消費者の行動を記述する要素は今

---

[5] 社会的限界変形率は「社会的生産関数」から導かれる．社会的生産関数に関しては，外部性のない場合ではあるが，西村（1990）の第 8 章 3 節が参考になる．

6.4 外部性経済の競争均衡：非課税の場合

までと全く変わらない．したがって，企業の利潤最大化行動と消費者の効用最大化行動は次のようにまとめられる．

(P)　各企業 $j\,(j=1,2)$ は，X の価格 p と総生産量 x を所与とし費用関数 c^j という技術制約下で利潤 $px_j-c^j(x_j,x)$ を最大化するように生産量 $x_j\geq 0$ を選ぶ．

(C)　各消費者 $i\in I$ は，X の価格 p と企業 1, 2 からの利潤分配 $\theta_{i1}\pi_1$, $\theta_{i2}\pi_2$，ただし $\pi_j=px_j-c^j(x_j,x)$　$(j=1,2)$，を所与とし，予算制約 $px_i+\ell_i\leq\overline{\ell}_i+\theta_{i1}\pi_1+\theta_{i2}\pi_2$ の下で自らの効用 $w_i(x_i)+\ell_i$ を最大化するように消費量 $(x_i,\ell_i)\geq 0$ を選ぶ．

なお (C) は，効用関数の準線形性により，さらに次のように書き換えられる．

(C′)　各消費者 $i\in I$ は，X の価格 p と企業 1, 2 からの利潤分配 $\theta_{i1}\pi_1$, $\theta_{i2}\pi_2$，を所与とし，制約 $\overline{\ell}_i+\theta_{i1}\pi_1+\theta_{i2}\pi_2-px_i\geq 0$ の下で自らの効用 $w_i(x_i)-px_i+\overline{\ell}_i+\theta_{i1}\pi_1+\theta_{i2}\pi_2$ を最大化するように財 X の消費量 $x_i\geq 0$ を選ぶ．

上の (P) より企業 1, 2 の X の供給関数，利潤関数はそれぞれ p と x の関数：

$$x^1(p,x),\quad \pi^1(p,x)=px^1(p,x)-c^1(x^1(p,x),x),$$
$$x^2(p,x),\quad \pi^2(p,x)=px^2(p,x)-c^2(x^2(p,x),x)$$

で表すことができる．完全競争の利潤最大化条件は，「価格＝限界費用」

$$p=\nu_1'(x_1)e_1(x)=\nu_2'(x_2)e_2(x)$$

である．一方，消費者の側は上の (C′) で消費量 (x_i,ℓ_i) がともに正の場合を考えると，効用 $w_i(x_i)-px_i+\overline{\ell}_i+\theta_{i1}\pi_1+\theta_{i2}\pi_2$ の y_i に関する最大化条件は，

「限界効用＝価格」

$$w_i'(x_i) = p$$

となり，x_i は価格 p にのみ依存する．よって，消費者 i の X, L の需要関数はそれぞれ

$$x^i(p), \quad \ell^i(p, \overline{\ell}_i + \theta_{i1}\pi^1(p,x) + \theta_{i2}\pi^2(p,x)) = \overline{\ell}_i + \theta_{i1}\pi^1(p,x) + \theta_{i2}\pi^2(p,x) - px^i(p)$$

と表せる．ここで，市場の X, L の超過需要関数は「総需要関数－総供給関数」の定義によりそれぞれ

$$\sum_{i \in I} x^i(p) - x^1(p,x) - x^2(p,x),$$
$$\sum_{i \in I} \ell^i(p, \overline{\ell}_i + \theta_{i1}\pi^1(p,x) + \theta_{i2}\pi^2(p,x)) + c^1(x^1(p,x),x) + c^2(x^2(p,x),x) - \sum_{i \in I} \overline{\ell}_i$$

となる．この市場のワルラス法則（Walras law："価格×超過需要" の全商品に対する和＝0）は下の通り．この式はすべての p と x に対して成立する：

$$p\left[\sum_{i \in I} x^i(p) - x^1(p,x) - x^2(p,x)\right] + \sum_{i \in I} \ell^i(p, \overline{\ell}_i + \theta_{i1}\pi^1(p,x) + \theta_{i2}\pi^2(p,x))$$
$$+ c^1(x^1(p,x),x) + c^2(x^2(p,x),x) - \sum_{i \in I} \overline{\ell}_i = 0$$

この式は消費者の効用関数の準線形性から，効用最大化において各消費者 i の予算制約が等式 $px_i + \ell_i = \overline{\ell}_i + \theta_{i1}\pi_1 + \theta_{i2}\pi_2$ で成立することから，これらの等式を合計することで得られる．ワルラス法則の成立を確認しないと，労働市場を切り捨てて議論すること，つまり財 X の市場の部分均衡モデルを動かすことはできない．

[2] 完全競争均衡とパレート最適

順序としてはこの市場がどのように運行されて，総需要と総供給の一致：

6.4 外部性経済の競争均衡：非課税の場合

$$\sum_{i\in I} x_i = x_1 + x_2, \quad c^1(x_1,x) + c^2(x_2,x) + \sum_{i\in I} \ell_i = \sum_{i\in I} \overline{\ell}_i$$

それにプラスして外部性と個人行動との整合性：

$$x = x_1 + x_2$$

つまり実現可能配分が達成されるかを説明すべきであるが，公共財経済のときと同じく後回しにしてこの需給一致の状態自体の特徴を述べる．今何らかのプロセスを経て，

$$\sum_{i\in I} x^i(p) = x^1(p,x) + x^2(p,x), \quad x = x^1(p,x) + x^2(p,x)$$

を満たす p, x が見つかったとしよう．これは形式的には，未知数と式の数がともに「2」で一致する連立方程式である．この連立方程式の解 p, x は，ワルラス法則により，ニュメレール L の需給一致

$$\sum_{i\in I} \ell^i(p, \overline{\ell}_i + \theta_{i1}\pi^1(p,x) + \theta_{i2}\pi^2(p,x)) + c^1(x^1(p,x),x) + c^2(x^2(p,x),x) = \sum_{i\in I} \overline{\ell}_i$$

も満たす．つまり，外部性経済の完全競争均衡は整合的な連立方程式体系で表現可能である．まとめよう．

定義． 実現可能配分 $(x_i^*, \ell_i^*)_{i\in I}$，価格 p^*，総生産量 x^* と個別生産量 x_1^*, x_2^* の組 $((x_i^*, \ell_i^*)_{i\in I}, p^*, x^*, x_1^*, x_2^*)$ で，条件 (P) と (C) を満たすものを資産分配 $(\overline{\ell}_i, \theta_{i1}, \theta_{i2})_{i\in I}$ に対する**完全競争均衡** (perfectly competitive equilibrium) と呼ぶ．ここで $(x_i^*, \ell_i^*)_{i\in I}$ を**完全競争配分** (perfectly competitive allocation)，p^* を**完全競争価格** (perfectly competitive price) と呼ぶ．

外部性のない競争均衡との相違は実現可能配分の定義の中に「外部性と個人行動との整合性」が含まれることである．この整合性 (consistency) は，前述のように一期前に計画された個人行動と今期の個人行動が一致するとい

う定常状態（steady state）の条件だと考えてもよいし，各経済主体が予想した同じ社会全体の集計値が実現するという完全予見（perfect foresight）の条件だと考えてもよい．これは外部性がモデルにどのような形で入っていても実現可能配分を定義するときは必ず要求される．

　そして，完全競争配分とパレート最適の関係である．完全競争配分では，消費者，企業の最大化条件はそれぞれ「限界効用＝価格」，「価格＝限界費用」であることより，「各消費者の限界効用＝各企業の限界費用」となる．そして，今まで論じてきた企業間で外部性のある経済では，「各企業の限界費用≠社会的限界費用」であるから，完全競争配分においては「各消費者の限界効用≠社会的限界費用」が成立している．ところが，パレート最適では「各消費者の限界効用＝社会的限界費用」が成立しなければならないことが確認されている．したがって，外部性のある経済の完全競争市場で達成される資源配分はパレート最適ではないのである！[6]

　これは定理ではない．しかし，ミクロ経済学を学ぶ者にとっては知っていて当たり前のこと，言い換えれば非常に重要な事項であるので「事実（Fact）」としてハイライトする．

事実（外部性経済の完全競争配分とパレート最適）. 外部性のある経済において，完全競争配分は一般にパレート最適ではない．

カギは「各企業の限界費用≠社会的限界費用」である．ということは，外部不経済ばかりでなく外部経済，つまり企業間の好影響，までも発生する環境では，完全競争市場はパレート最適を達成できないのである．ではどうすればよいのであろうか．次章では，このことについて考えていく．

---

[6] このことを知らなかった読者の頭でバッハ「トッカータとフーガ ニ短調 BWV 565」（最近では「鼻から牛乳」という曲名もついている）が鳴って欲しい．

[参考文献]

奥野正寛・鈴村興太郎（1988）『ミクロ経済学II』岩波書店.

川田侃・尾藤正英・山鹿誠次他（1986）『新訂 新しい社会 歴史』東京書籍.

西村和雄（1990）『ミクロ経済学』東洋経済新報社.

Plott, Charles R. (1983), "Externalities and Corrective Policies in Experimental Markets," *Economic Journal* 93, 106-127.

第7章
外部性：調整過程とピグー税

7.1　マラソンと相撲

　マラソンと相撲で，それぞれの有名なアスリートを1人ずつ，たとえばシドニーオリンピック金メダリストの高橋尚子選手と「平成の大横綱」と呼ばれる白鵬関を考えよう．メディアではよくこのような名選手の日常のトレーニングの模様を報じる．高橋尚子選手の場合，コーチはそばにいるが，他のマラソン選手と練習している様子は伺えなかった．一方，白鵬関の場合はほぼ毎日同じ部屋の多くの力士と稽古をしており，ときには他の部屋との交流も行っている．なぜそれぞれのトレーニングにこのような「単独」と「集団」の形態が生まれるのか．それは，それぞれの競技の特性を考えればすぐに判明する．

　マラソンの究極の目的は「42.195キロをいかに速く走るか」であり，いわば自分の限界への挑戦である．他者との勝ち負けは基本的にその結果としてついてくる．そのためには選手個人にあった最適な42.195キロの走り方を研究し構築することが第一であり，複数人で並走する練習方法はいかなる面から考えても合理的ではなかろう．

　一方，相撲の究極の目的は「ルールと伝統を制約としてさまざまな対戦力士にいかに勝つか」であり，勝ち星を増やすことが力士の絶対の使命である．

一旦勝てば，相手にすぐに手をさしのべることが礼儀とされ，完膚なきまでに叩きのめすことは相手の翌日や次場所の取組に影響するので好ましくないとされる．その上相撲の所要時間は極端に短い．したがって，多種多様な力士と何回も稽古をし，どんなタイプの力士にも短時間で勝つ相撲の取り方を身に付けそれを窮めることが求められる．その環境は1人や2人の力士で作ることはできない．

このような視点からスポーツを見ると，スポーツにはそれぞれの特性に応じてトレーニングのために理想的なプレイヤーの数があるように思う．それは陸上競技であるとか格闘技であるとかで分けられるものではない（たとえば，ボクシングは相撲と同じ格闘技であるが，トレーニングの形態はマラソンの方が近いのではないだろうか）．トレーニングのために理想的なプレイヤーの数はそのスポーツのさまざまな要素が複合されて決まる．10人が単独でバラバラにトレーニングしても，集団で固まってトレーニングしても各プレイヤーのトレーニングの成果が同じであるスポーツはどう考えても例が思いつかない．

7.2　企業間の外部性

技術的外部性，特に企業間のみの外部性を考えるには，上の文章の「スポーツ」を「産業」に，「トレーニング」を「生産活動」に，そして「プレイヤー」を「企業」に替えるとよい．そうすることで，外部不経済が存在する産業を「生産活動のための理想的な企業数が1である産業」，外部経済が存在する産業を「生産活動のための理想的な企業数が複数である産業」と特徴づけることができる．農林水産業の場合，ある程度の企業数ならば知識の伝播があるので外部経済が存在するであろうが，あまり企業数が多いと環境の諸条件を変えてしまいお互いが外部不経済を及ぼしあう．工業や製造業の場合，アイディアに相当依存する業種なら研究開発のスピルオーバーがあるの

で外部経済が，空気・水など環境に強く依存する業種なら空気清浄装置・浄水装置などへの出費が増えるため外部不経済が発生する．

　注意すべきことが3点ある．1点目は理想的な企業数が存在するということはそれを超える数の企業はかえって生産活動の効率を低下させること，つまりいつかは外部経済から外部不経済への転換があるということ．2点目は以上の議論は消費者側（需要サイド）とは独立に行われているので，外部性は秋葉原が電化製品店でにぎわうなどの「集積の経済」とは別の現象を説明しているということ．3点目はスポーツと同じく，単独で活動することと集団で活動することで生産活動の効率が変わる産業は，純粋に技術面だけから考えても，全くめずらしくないということである．

　ここで，外部性のある経済において，競争配分は一般にパレート最適ではないことが明らかにされていることを思い出そう．これにより，企業間で外部経済・外部不経済が発生する完全競争市場では，パレート最適が達成されないのが普通である．そして，通常の理論の流れは，競争配分がパレート最適になるよう税や補助金を導入していかに完全競争市場に手を加えるか，という方向に向かう．

　しかしわれわれはまだ外部性が存在する完全競争市場において，競争均衡が時間を通じて達成されるかどうか確認していない．特に，一般の外部性は，「企業1が生産→企業1からの外部効果をもとに企業2が生産→終了」のような単線直進的な構造を必ずしもとっておらず，「企業1，2が生産→両企業からの外部効果をもとに両企業がさらに生産→両企業からの外部効果をもとに両企業がさらに生産→……」という複線回帰的な構造を持っている．外部性がある経済での競争均衡では，市場での需給一致に加えて，外部効果として所与とする生産量とそれを受けて決定される生産量が一致するという整合性が要求される．このような均衡概念は果たして満たすと考えてよい条件から成り立っているのであろうか．

　それを確かめるため，外部性を取り入れた部分均衡モデルで，常識的な動学的調整過程が経済変数を競争均衡に導くかを調べてみよう．

7.3 外部性経済の競争均衡の安定性

　企業間に技術的外部性がある完全競争市場での価格と生産量の調整過程を考えよう．農林水産業がよい事例である．企業も消費者も価格受容者であるが，各企業はさらに産業全体の生産から費用に受ける外部性を所与とする．この外部性は外部経済であるときも外部不経済であるときもある．つまり，先に述べたように産業全体の生産活動の拡大が個々の企業に，知識の伝播などを通じて費用削減をもたらす場合も，環境の劣化などを通じて費用増大をもたらす場合もともに起こりうるからである．だが以下の議論では論点を後者の「外部不経済」に絞ることにしよう．

　この条件下で企業と消費者が各自の便益を最大限確保するために取る行動は，次のようになる：商品 X を生産する企業 1, 2 はともに価格 p と総生産量 x を与件として利潤最大化を図り，それぞれ供給 $x^1(p,x)$, $x^2(p,x)$ を決める．それが完売したとき企業が手にする利潤は，予定の収入から予定の費用を引いた差額により自動的に決まる．一方，それぞれの消費者は，価格と企業から分配される予定の利潤を所与として効用最大化を図り，個別需要 $x^i(p)$ を決める（ただし，効用関数には準線形性を仮定するので，各消費者の X の需要は L の需要がゼロでない限り分配利潤には依存しない）．ここで消費者全体の総需要を，$D(p) = \sum_{i \in I} x^i(p)$ と表記する．

　なお企業の供給関数 x^1, x^2 は，私的限界費用逓増の仮定から価格 p に関して増加的，外部不経済の仮定から総生産量 x に関して減少的となる．また消費者の需要関数 x^i および市場の総需要関数 D は，限界効用逓減の仮定から価格 p に関して減少的であることが示される．

　それでは経済主体の選択が分割可能な完全競争市場と違って，このような外部性による複雑な相互依存関係が存在する完全競争市場ではどのようなシステムで経済変数が変動するのであろうか．そしてそれらは完全競争均衡に収束することが期待されるのであろうか．考えてみよう．まず，商品 X の

価格は市場全体の超過需要（＝総需要−総供給）に比例して調整されるとする．式で書くと，

$$\dot{p} = \lambda(D(p) - (x^1(p,x) + x^2(p,x)))$$

となる．ただし $\dot{p}$ は p の時間に関する微分を表し，正の定数 λ は調整速度である[1]．この調整過程では，各個人の需要の合計が供給を上回るとき価格は上昇 ($\dot{p}>0$)，下回るとき価格は下落 ($\dot{p}<0$)，そして両者が一致するとき価格調整は停止 ($\dot{p}=0$) する．

次に，商品 X の総生産量は前期の生産量（あるいは予想）と今期の生産量との乖離に比例して調整されるとする．式で書くと，

$$\dot{x} = \mu(x^1(p,x) + x^2(p,x) - x)$$

となる．ただし $\dot{x}$ は x の時間に関する微分を表し，正の定数 μ は調整速度である．この調整過程では，企業が決定した総生産水準が与件とした総生産水準を上回るとき生産量は増加 ($\dot{x}>0$)，下回るとき減少 ($\dot{x}<0$)，そして両者が一致するとき調整は停止 ($\dot{x}=0$) する．もしこれを実際の生産量の変動を表すという解釈を与えれば，$\mu=1$ となる（この場合，$\dot{x}=0$ は同じ量の生産が繰り返される「定常状態」を表す）．またこれが生産前に予想 x のもとで企業 1, 2 が計画された生産量 $x^1(p,x)$, $x^2(p,x)$ を知って予想を再形成するという解釈を与えれば，$\mu>0$ であればよい．つまり，産業全体で生産されると予想された量より多く生産されそうであれば予想を上方修正し，産業全体で生産されると予想された量より少なく生産されそうであれば予想を下方修正するのである（ただしこの場合は異なる企業が同じ予想形成を行うことを仮定する必要がある．なお $\dot{x}=0$ は予想した集計値が実現する「完全予見」を表す）．

---

[1] 以降の議論は，p の対数を独立変数にしても，定数 λ を $\Phi(0)=0$ と $\Phi'(z)>0$ を満たす関数 Φ としても若干の修正により，同様に行うことができる．x についても同じである．

7.3 外部性経済の競争均衡の安定性

これら2つの調整過程が同時進行する動学体系，つまり2元連立微分方程式の定常状態

$$\dot{p} = 0 : D(p) = x^1(p,x) + x^2(p,x)$$
$$\dot{x} = 0 : x^1(p,x) + x^2(p,x) = x$$

の停留点 (p^*, x^*) が一意に存在するとき価格と総生産量が時間の経過とともに (p^*, x^*) に収束することは，縦軸に p，横軸に x をとった座標平面上に $\dot{p} = 0$ と $\dot{x} = 0$ を表す2本の交わる曲線を描き，座標平面上の点の動きを曲線で仕切られる領域で分類する「フェーズダイヤグラム（phase diagram）」を作成することで確かめられる．これは実験可能なモデルにおいて，経済変数の動きを理論予測するために大変有用な道具である．このモデルのフェーズダイヤグラム作成の際，確かめるべきポイントは以下の5つである：

1. 両曲線はともに右上がり．
2. 両曲線の交点において曲線 $\dot{p} = 0$ の傾きの方が曲線 $\dot{x} = 0$ の傾きより緩やか．
3. 曲線 $\dot{p} = 0$ より上の点では p が下がり，下の点では p が上がる．
4. 曲線 $\dot{x} = 0$ より左の点では x が下がり，右の点では x が上がる．
5. 各点 (p,x) の動きは上の3と4による p が動く力と x が動く力の「合力」．

各点 (p,x) の動き，つまり合力，を矢線ベクトルで図示したものが図7.1である．図から，2本の曲線で区分された4つの領域のどの点からも，2本の曲線の交点（$\dot{p} = 0$ かつ $\dot{x} = 0$ となる点）に近づいていくことがわかる．この交点が (p^*, x^*) に他ならない．

さてポイント1, 2, 3, 4には証明が必要である．計算して符号を調べるのだが，証明を知りたい読者は本章最後の附録を読んでいただきたいと思う[2]．では，結果をまとめよう．

128　第7章　外部性：調整過程とピグー税

図中:
- $\dot{p}=0$
- $D(p) = x^1(p,x) + x^2(p,x)$
- $\dot{x}=0 : x^1(p,x) + x^2(p,x) = x$

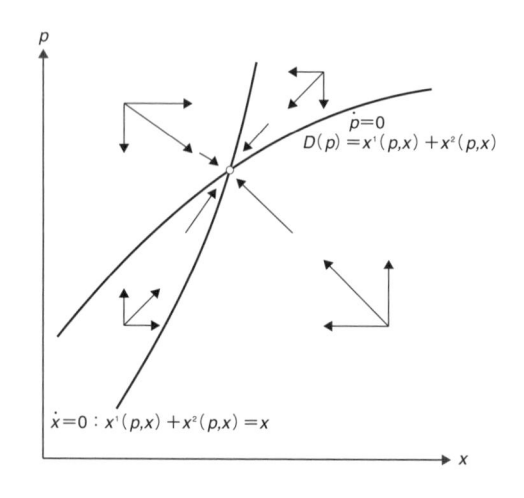

図7.1　外部性経済における価格と生産量の調整過程

定理（外部性経済の完全競争均衡の大域的安定性）． 企業間に外部不経済がある部分均衡モデルにおいて，商品の価格が市場の超過需要に，予想総生産量が計画総生産量マイナス予想生産量に，ともに比例して調整されるならば，商品の価格と予想総生産量は任意の初期値からでも完全競争均衡に収束する．

2　本当の証明は2次元の2元連立微分方程式の安定性に関するオレックの定理 [Olech (1963)] を用いるべきなのだが，その安定性のための十分条件はこのグラフを描くために確かめるものとほぼ同じであるので，この定理を用いた証明は割愛する．（実際その十分条件はこのモデルで満たされている．）

7.4 ピグー税によるパレート最適達成

　以上の議論から，われわれが想定した形での外部不経済と調整過程のもとでは完全競争は経済変数を競争均衡に導くことが理論的に示された．他の形態の外部不経済ではどうなるのか，また外部経済であればどうなるのか等々，外部性下での「神の見えざる手」の力を理論的に検証する余地はまだまだあるが，ひとまずこの問題は解決済みとしたい．したがって，完全競争市場メカニズムは競争配分を達成するので，今度はその達成される競争配分がパレート最適となるように市場への介入を考えてみる．

　この介入として課税を最初に提唱したのは厚生経済学の父，アーサー・ピグー（英）である [Pigou (1920)]．それは「○単位以上生産してはならない」という法的規制で生産量を抑えるのではなく，「何単位生産してもよい．ただし，1単位の生産ごとに△円の税金を払いなさい」という形でルールを提示して，結果的に各自に少ない生産量を選ばせるという方法である．このように各自が費用と便益を勘案すれば「思う壺」の選択をしてくれるようにルールを設定することは今日では「経済的解決法」と呼ばれ，幅広く実用化されている．そのすべての源泉はピグーのアイディアであるといって過言ではない．さらにピグーは，その税額を競争配分がパレート最適になるように設定する方法を考案した．このような税は今日でも「ピグー税（Pigovian tax）」と呼ばれている．以下このピグー税の決め方について説明する．

　まず生産や交換が行われる前の消費者の資産であるが，各消費者のポートフォリオ（Lの個人賦存量，企業1に有する利潤分配率，企業2に有する利潤分配率）にもう一つ，「税収分配率」を加える．企業から吸い上げた税収は消費者に還元されるが，そのされ方を簡単のため企業利潤と同じく一定の割合 θ_{i0}，ただし $\sum_{i \in I} \theta_{i0} = 1$，で分配されると仮定する．

　そして X を生産する企業に $X1$ 単位の生産につき，従量税（specific tax）t が課せられるとする．このとき企業 j ($j=1,2$) の収入は $(p-t)x_j$，費用は

$c^j(x_j, x)$, 利潤は $(p-t)x_j - c^j(x_j, x)$ となる．一方，消費者にとっての価格は p のままであるが，前のモデルと違って所得に税収の分配の分が増える．

したがって，企業の利潤最大化行動と消費者の効用最大化行動は次のようにまとめられる．

(Q)　各企業 j $(j=1,2)$ は，X の価格 p，従量税 t，総生産量 x を所与とし費用関数 c^j という技術制約下で利潤 $(p-t)x_j - c^j(x_j, x)$ を最大化するように生産量 $x_j \geq 0$ を選ぶ．

(C)　各消費者 $i \in I$ は，X の価格 p と企業1, 2からの利潤分配 $\theta_{i1}\pi_1$，$\theta_{i2}\pi_2$ と税収分配 $\theta_{i0}\pi_0$，ただし $\pi_j = (p-t)x_j - c^j(x_j, x)$ $(j=1,2)$，$\pi_0 = t(x_1 + x_2)$ を所与とし，予算制約 $px_i + l_i \leq \bar{l}_i + \theta_{i1}\pi_1 + \theta_{i2}\pi_2 + \theta_{i0}\pi_0$ の下で自らの効用 $w_i(x_i) + l_i$ を最大化するように消費量 $(x_i, l_i) \geq 0$ を選ぶ．

以上の条件と，実現可能配分の条件

$$\sum_{i \in I} x_i = x_1 + x_2, c^1(x_1, x) + c^2(x_2, x) + \sum_{i \in I} l_i = \sum_{i \in I} \bar{l}_i, \quad x = x_1 + x_2$$

がすべて満たされるとき，「従量税 t を所与とした競争均衡」が達成される．したがって，競争均衡における (p, x, x_1, x_2) を従量税 t の関数 $(p(t), x(t), x_1(t), x_2(t))$ として書こう．これだけではまだこれらの競争配分がパレート最適であるとは限らず，従量税 t は何でもよいことになっている．なので，パレート最適になるように t を決めよう．

まず任意の t のもとで完全競争企業の利潤最大化条件，「価格－従量税＝限界費用」

$$p(t) - t = \nu'_1(x_1(t))e_1(x(t)) = \nu'_2(x_2(t))e_2(x(t))$$

が成立している．また，消費者の効用最大化条件は，「限界効用＝価格」

7.4 ピグー税によるパレート最適達成

$$w^{i\prime}(x_i(t)) = p(t)$$

である．ここで，パレート最適の限界条件「限界効用＝社会的限界費用＝限界費用＋限界外部費用」

$$w^{i\prime}(x_i(t)) = \nu_1'(x_1(t))e_1(x(t)) + \nu_1(x_1(t))e_1'(x(t)) + \nu_2(x_2(t))e_2'(x(t))$$
$$= \nu_2'(x_2(t))e_2(x(t)) + \nu_1(x_1(t))e_1'(x(t)) + \nu_2(x_2(t))e_2'(x(t))$$
$$for\,all\ \ i \in I$$

を課そう．これが満たされるためには，上の「価格－従量税＝限界費用」と「限界効用＝価格」より，

$$価格＝限界効用＝限界費用＋限界外部費用$$
$$＝価格－従量税＋限界外部費用$$

であるから，「従量税＝限界外部費用」

$$t = \nu_1(x_1(t))e_1'(x(t)) + \nu_2(x_2(t))e_2'(x(t))$$

が成立しなければならない．これは未知数が t 1個のみの1元方程式である．この解を t^* としよう．この t^* に対応する $(p(t^*), x(t^*), x_1(t^*), x_2(t^*))$ がパレート最適であれば，この t^* を最初から従量税の値に設定することで，完全競争市場は従量税 t^* を伴った競争配分としてパレート最適が達成できる．このように決められる従量税がピグー税なのである．

しかし，ピグー税によるパレート最適達成には大きな課題が残されている．誰がどうやって，この従量税 t^* を見つけるのであろうか．疑問は生じて当然である．この課税方式に対する批判から生まれたのが，次章で紹介する「コースの定理」である．

附録　ポイント 1, 2, 3, 4 の証明

ポイント 1 の証明：与えられた x に対して $\dot{p}=0$ の方程式

$$D(p)=x^1(p,x)+x^2(p,x)$$

を満足する p を与える関数を f とすると，

$$D(f(x))=x^1(f(x),x)+x^2(f(x),x)$$

が各 x について成立する．この式を x で微分すると，合成関数の微分公式により，

$$D'(f(x))f'(x)=x^1_p(f(x),x)f'(x)+x^1_x(f(x),x)+x^2_p(f(x),x)f'(x)+x^2_x(f(x),x)$$

を得る．ただし，x^j_p, x^j_x はそれぞれ関数 x^j $(j=1,2)$ の p, x に関する偏微分を表す．これを整理することにより

$$f'(x)=\frac{x^1_x(f(x),x)+x^2_x(f(x),x)}{D'(f(x))-x^1_p(f(x),x)-x^2_p(f(x),x)}$$

となる．すでに確かめたように，すべての p, x について $D'(p)<0$, $x^1_p(p,x)>0$, $x^2_p(p,x)>0$, $x^1_x(p,x)<0$, $x^2_x(p,x)<0$ であるから，$f'(x)>0$ となる．また，与えられた x に対して $\dot{x}=0$ の方程式 $x^1(p,x)+x^2(p,x)=x$ を満足する p を与える関数を g とすると，

$$x^1(g(x),x)+x^2(g(x),x)=x$$

が各 x について成立する．この式を x で微分すると，合成関数の微分公式により，

$$x^1_p(g(x),x)g'(x)+x^1_x(g(x),x)+x^2_p(g(x),x)g'(x)+x^2_x(g(x),x)=1$$

を得る．これを整理することにより

$$g'(x) = \frac{1 - x_x^1(g(x), x) - x_x^2(g(x), x)}{x_p^1(g(x), x) + x_p^2(g(x), x)}$$

となる．そして偏導関数の符号により，$g'(x) > 0$ となる．証明終．

ポイント2の証明：交点においては $f(x) = g(x)$ なので上の計算結果を使えば

$$f'(x) - g'(x) = \frac{D'(f(x))(1 - x_x^1(f(x), x) - x_x^2(f(x), x)) - x_p^1(f(x), x) - x_p^2(f(x), x)}{(x_p^1(f(x), x) + x_p^2(f(x), x) - D'(f(x)))(x_p^1(f(x), x) - x_x^2(f(x), x))}$$

であるから，偏導関数の符号より $f'(x) - g'(x) < 0$ となり，$f'(x) < g'(x)$ を得る．証明終．

ポイント3の証明：曲線 $\dot{p} = 0$ 上の点 (p, x) をとると $x_p^1(p, x) > 0$，$x_p^2(p, x) > 0$ であるから，$\dot{p}$ の符号を決める式 $D(p) - (x^1(p, x) + x^2(p, x))$ は x が一定で p が増えると減少する．したがって，曲線 $\dot{p} = 0$ 上の点 (p, x) の下（p が減る）側では $\dot{p} > 0$，上（p が増える）側では $\dot{p} < 0$ となる．証明終．

ポイント4の証明：曲線 $\dot{x} = 0$ 上の点 (p, x) をとると $x_x^1(p, x) < 0$，$x_x^2(p, x) < 0$ であるから，$\dot{x}$ の符号を決める式 $x^1(p, x) + x^2(p, x) - x$ は p が一定で x が増えると減少する．したがって，曲線 $\dot{x} = 0$ 上の点 (p, x) の左（x が減る）側では $\dot{x} > 0$，右（x が増える）側では $\dot{x} < 0$ となる．証明終．

[参考文献]

Laffont, Jean-Jacques (1988), *Fundamentals of Public Economics*, translated by John P. Bonin and Helene Bonin, The MIT Press.

Olech, Czeslaw (1963), "On the Global Stability of an Autonomous System on the Plane", *Contributions to Differential Equations* 1, 389–400.

Pigou, Arthur C. (1920), *The Economics of Welfare*, London:Macmillan.

第8章
外部性：コースの定理とその向う側

8.1 定理の鉄人

　経済学を学ぶ前，経済学にこれほど多くの定理があると予想した人はいないはずである．論文の中で「Theorem」と冠されたパラグラフにより発表される定理は毎年膨大な数にのぼる．定理が世に出るまで，論文は査読付ジャーナルに投稿されて不採択になり，別のジャーナルに投稿されて不採択になり，また別のジャーナルに投稿されて改訂を要求され，改訂して再投稿の末やっと採択され，ゲラが校正され公刊されるまで，2, 3年で済めば早い方である．6, 7年またはそれ以上かかった話も決してめずらしくない．そして，たくさんの定理を抱えたジャーナルが全世界に最新号として1ヶ月または2ヶ月飾られ，次の号が出ると図書館のどこかにしまわれる．その瞬間ジャーナルに収められた定理は，ごく少数を除き，夏の蝉のようにその役目を終える．

　このように時々刻々と生産される経済学の新定理の源泉となるのが，古典的な重要定理である．中でもその出現により経済学の新しい分野の誕生までもたらした強いメッセージを有したいくつかの重要定理は，それ以降に生まれた同系列の定理をすべて「重要定理が語りつくせなかった補遺」として一まとめにできるほどの影響力を持っている．その重要定理の代表格としてし

ばしば挙げられるものに次の3つがある．国際経済学の理論体系の基礎となったデビッド・リカード（英）の「比較優位の原理（principle of comparative advantage）」［Recardo（1817）］，市場の完備化・自由化・情報完全性を正当化する根拠となるケネス・アロウ（米）とジェラルド・ドゥブリュー（仏）の「厚生経済学の基本定理（welfare theorems）」［Arrow（1951a），Debreu（1951）］，そして投票のパラドックスから社会構成員の選好の集計という問題を説き起こし社会選択理論（Social Choice Theory）と形式政治理論（Formal Political Theory）という全く新しい研究分野を誕生させたケネス・アロウの「一般不可能性定理（general impossibility theorem）」［Arrow（1951b），アロウは2作ランクイン］である．この三定理はいわば「定理の鉄人」とも言うべきものである[1]．

ところが90代以降これらの三定理と同等以上に引用され，4番目の「定理の鉄人」としてさまざまな論文を生み出す源泉となっているものがある．ロナルド・コース（英）の「コースの定理（Coase theorem）」［Coase（1960）］である．そしてコースがこの定理を提示した動機は，ピグーによる外部不経済における課税方式に対しての批判からであった．

8.2　コースの定理とピグー税

この44頁に及ぶコースの長編論文では，モデルを用いて定式化するということも，主要定理を仮定・結論・証明という形で述べることもなされていない．コースの主張を命題（つまり仮定と結論）の形式で書き，かつ「定理」と最初に呼んだのはジョージ・スティグラー（米）である．彼は自身の著書の第3版［Stigler（1966）］でコースの論文のイイタイコトを「完全競争下においては，私的費用と社会的費用が等しくなる[2]」「法による損害賠償

---

[1] 神取（1994）はこれら三定理を，経済学の「大定理」と評している．

の責任の割り当て方にかかわらず,製品の総生産量は一定である」という2つの極めて大まかな命題の形で要約し,これを"Coase theorem"と呼んだ.なお,最初の命題は「完全競争配分がパレート最適になる」という意味である.2番目の命題において,甲が乙に対して「損害賠償の責任」を負うということは,乙が甲から「損害を被らない権利」を有するということなので,「損害賠償の責任」を「損害を被らない権利」と考えてもよい.

ところが,この段階ではこのような命題がどのような仮定のもとで成立するかには触れられておらず,したがってモデリングや数学的な証明はまだ付されていなかった.つまり,経済学によってなされるべき仕事が残されていたのである.そこで,多くの経済学者が,法と経済(Law and Economics),特に権利と責任をめぐるさまざまな問題に関して,これらの命題の妥当性を研究し多くの成果を挙げた.その一方で,モデルと証明が確立せぬまま自分の論文に近づけてコースの定理を解釈するという傾向も出始めた.よって,あるときは外部性のある市場経済,あるときは情報不完備の市場経済,そしてあるときは市場経済ではない政治的な駆け引きと,さまざまな文脈の上で(ときには同じ文脈の中でも)コースの定理は微妙に形を変えて引用され,その影響は今日にまで及んでいる[3].その結果,研究者間で「コースの定理」の認識が食い違う「群盲撫象」の事態を招いてしまい,コース自身ノーベル賞記念講演で自らの定理を「かの悪名高きコースの定理(the infamous Coase theorem)」と呼んだほどである[Coase (1991)][4].以下はその記念講演でコースが述べた「本家・コースの定理」である.

---

[2] 正確には「完全競争下においては,私的限界費用と社会的限界費用が等しくなる」であるが,原文[Stigler (1966, p.113)]は次の通り:The Coase theorem thus asserts that under perfect competition private and social costs will be equal.
[3] "What is the Coase Theorem?"というタイトルの論文まである[Hurwicz (1995)].また「『コースの定理』の定理」というのがある.「任意の相異なる2つのミクロ経済学の教科書において,それぞれがコースの定理を載せているならば,仮定か結論のどちらかが相異なる.」(筆者が作った).

> **コースの定理.**「取引費用」がかからないならば,「権利」の初期配分にかかわらず,参加者間の「交渉」の結果は「富」を最大化する[5].

「」付のキーワードのより経済学的な表現をめぐり,文章の後ろから解釈を検討する(「後ろから」の理由は単に説明が容易になるからである).まず「富」は経済厚生と解釈できる.さらに部分均衡モデルの経済厚生の最大化はパレート最適の達成を意味するので,事実さまざまなコースの定理のバージョンでも"「富」を最大化する"を"パレート最適である"あるいは"効率的である"と書かれているものが多い.

だが,次の「交渉」の解釈は,競争市場,協力的交渉ゲームの状況,非協力的交渉ゲームの状況などがどれも可能であり,それゆえさまざまな文脈でこの「交渉」に異なる解釈を付され,コースの定理は引用された[6].加えて「権利」と「取引費用」が文脈により,何を指すかが異なることは自明であろう.その中で「交渉」が競争市場を意味する「外部性経済のコースの定理」のバージョンをモデリングと証明が可能なように仮定を追加して紹介する.

---

4 この錯綜の様子は『一般理論』(1936)の著者ケインズのイイタイコトをめぐる論争と非常によく似ている.しかし,ケインズの場合は,出版後すぐにジョン・ヒックスが論文 [Hicks, John R.(1937), "Mr. Keynes and the Classics: A Suggested Interpretation", *Econometrica* 5: pp. 147–59] で IS-LM モデルの原型を提示したことにより,研究者間で共通の理論体系が確立された.したがって,ケインズの「有効需要の原理」は,少なくともマクロ経済学の教科書にも載る基礎の部分では,コースの定理ほど研究者間で認識の食い違いを起こしてはいない.

5 原文は次の通り(Coase(1991)より抜粋.文中の"maximise"は英国式の綴り):
What I showed in that article, as I thought, was that in a regime of zero transaction costs, an assumption of standard economic theory, negotiations between the parties would lead to those arrangements being made which would maximise wealth and this irrespective of the initial assignment of rights. This is the infamous Coase Theorem, named and formulated by Stigler, although it is based on work of mine.

> **外部性経済のコースの定理.** 初期の「権利」が完全に賦与され,すべての「商品」に対して価格と品質に関する情報が完全でかつ「取引費用」がかからない経済においては,初期の「権利」の配分にかかわらず,リンダール配分はパレート最適である[7].

ここまで問題が絞られると「」付のキーワードはかなり明確な解釈が可能である.前から順に考えよう.まず「権利」である.外部性のある経済においては,消費活動や生産活動に付随して外部性を"発生させる者"と"被る者"が必ず存在するが,この「権利」は"発生させる者"の権利で統一して考える方がわかりやすい.なぜならば,多くの外部性は,その外部性を発生させる者を1人として定義できるが,外部性を被る者は通常複数人であるからである.その場合,"発生させる者"の権利は,外部性(特に外部不経済)を"被る者"全員に与えられている権利と整合的に定められていなければならない.これが存在するすべての外部性に満たされて,権利の賦与は完全となる.

次に「商品」は通常の財・サービスのみならず外部性も加わる.つまりある外部性が外部経済であればサービスとして,外部不経済であれば負のサービス(損害)として,(好むか好まざるかにかかわらず)家計が消費または企業が投入していると考えるのである.したがって,公共財(public good)と共通した性質「非排除性」を有するので,「商品」としての外部性に「一物一価」は要求せず,外部性には経済主体一人ひとりに個別価格を付けると,それと製品の生産者価格を所与とした個別企業の利潤最大化から「消費者価格=生産者価格+(外部性の個別価格の全企業に関する合計)」と

---

[6] Schweizer (1988) はこれらの異なる文脈それぞれにおいて,コースの定理の含意を検討している.

[7] 「総生産量は一定である」ためには,消費者全員の効用関数が準線形である等の追加的仮定が必要となる.

いう条件が成立する[8]．よって，コースの定理の述べ方の慣例では結論部分の主語は「競争（均衡における）配分」であるが，正確さを尊重して経済主体ごとに個別価格が設定される「リンダール（均衡における）配分」とした（筆者は，このバージョンのコースの定理は「外部性経済の厚生経済学の第一基本定理」と呼んでも差し支えないと思う）．

最後の「取引費用」は，一般的に定義すれば，取引商品（外部性を含む）の価値を計るための費用と，取引関係者の権利の保護，および取引契約の遵守と執行のための費用である．外部性ではない普通の商品として，何らかの工業製品を考えるとよい．製品を販売する会社として，工場に作業員だけがいる例は稀であり，普通は事務員がいる．彼らは安くて良質な原材料の仕入先や機械のリース先を検索し，そうして見つけた業者と交渉し，さらに営業許可を得たり店舗借り入れの契約を結んだりするための各種書類の作成に関わる[9]．比較的小さな店舗ならば，店員1人あるいは2，3人がすべてを仕切っているラーメン店，マッサージ店，理容店，美容院などがあるが，彼らは会社において事務員が行う業務を自分達で行っている．いずれのタイプの企業でも，内部でかかる費用（原材料費，賃金など直接生産に必要な生産要素への支払い）は生産費用に，このように企業と外との関係からかかる費用は取引費用に分類される．

そして外部性として，工業地帯の環境汚染を考えよう．工場が集中している地域で，ある数値以上の排煙や排水の汚染度に対しペナルティーを課し，逆に周囲の工場による汚染から損害を被ったら補償をするというシステムを導入しようとすれば，それに伴う交渉，契約書作成，そしてモニタリングなどのために取引費用は当然発生する．だが標準的な経済学では，他の問題の本質を研究するという目的もあり，完全競争ではもちろん独占や寡占などの不完全競争のモデルでもあらゆる種類の取引費用は通常ゼロと仮定される．

---

[8] 詳しくは，奥野・鈴村（1988）の第32章4節を参照されたい．
[9] このような「面倒くさいこと」のコストはすべて取引費用に含まれ，企業においてこの種の業務に付き物の「マニュアル化」は取引費用削減の策に他ならない．

8.2 コースの定理とピグー税

ピグーもその伝統を受け継ぎ，標準的な経済学の枠組みで，つまり取引費用ゼロの世界で，外部不経済が生じても競争配分がパレート最適になるような課税方式を提言した．これに対して，コースは自身の定理を応用し「取引費用を考慮しないのであれば，当事者間に権利がどう賦与されても，外部不経済の当事者同士の自発的交渉でパレート最適は達成される．したがって，このときピグー税は必要ではない．」と主張した．このコースの批判の真意には誤解が起きやすく，実際いたるところで起きていることをここで警告したい．

大きな誤解には次の2つがあるようである．1つは「当事者間に権利がどう賦与されても」交渉の結果が「パレート最適」であると主張しているにもかかわらず，「加害者の利得も被害者の利得も一定である」とか「加害者の利得も被害者の利得も最大化される」とすりかわっているものである．権利の賦与のされ方によっては，同じパレート最適でも当事者の利得（効用または利潤）の分配は大きく変わる．この点については強調している文献も多い．

問題はもう1つの方が深刻である．「取引費用を考慮しないのであれば」という大前提が忘れられるのである．コース自身「取引費用が存在しない世界では自発的交渉に任せればピグー税は不要だが，取引費用が存在する世界でもそれが自発的交渉より高い経済厚生を達成できないとは言っていない．両者を比較するには取引費用が存在する世界を考えよう」と明言している[10]．誤解が蔓延していることを本人も認識し，不本意に感じていたのではないだろうか．

---

10 原文は次の通り（Coase(1991)より抜粋）: Since standard economic theory assumes transaction costs to be zero, the Coase Theorem demonstrates that the Pigovian solutions are unnecessary in these circumstances. Of course, it does not imply, when transaction costs are positive, that government actions (such as government operation, regulation or taxation, including subsidies) could not produce a better result than relying on negotiations between individuals in the market. Whether this would be so could be discovered not by studying imaginary governments but what real governments actually do. My conclusion; let us study the world of positive transaction costs.

8.3　実験結果の紹介

いよいよ実験の話である．この外部性がある経済のモデルの市場実験を行う意義は何なのだろうか．まずは，外部性がある経済でも「見えざる手」が働き，市場成果が競争均衡に収束するかどうかを見ることである．

ところが，外部性がある経済の競争配分は一般にパレート最適ではない．つまり，理論通りの「見えざる手」が働くと，パレートの意味で非効率な配分が達成されるのである．「市場の失敗」である．先に紹介した公共財経済の自発的寄附の実験では，パレートの意味で非効率な配分をもたらすナッシュ均衡は被験者に選ばれず，参加者全員にとってより利得の高い選択肢が取られる傾向がいくつもの実験で観察された．

したがって，一旦競争均衡に収束しても実験が繰り返される中で被験者が非効率性を認識し，自発的に競争均衡とは別な選択肢が選ばれる傾向が観察されるかどうかも一見の価値がある．

これを実験したのがプロット（1983）である．彼は，社会的限界費用が常に私的限界費用を上回る売手6人と，全く変わらない需要関数を有する買手6人を模擬の市場で出会わせ，ダブルオークションを行わせた．情報構造は，売手は市場全体の取引が行われていくことによって，同じ量の製品を売るのにも自分の費用が増えていきそれがどのように増えていくかは知らされるが，他人の費用構造や利得表については一切知らされないという設定にした．

結果は，ダブルオークションにより競争均衡（パレートの意味で非効率）に収束してそのままで，全員にとってより利得の高い取引に移行する現象は観察されなかった．つまり，外部性をめぐる自発的交渉あるいはそれと同じ働きをする行動は取られなかったのである．（図 8.1. Plott (1983) より引用．競争均衡価格は 2.44，経済厚生最大化価格は 2.69，成立価格は 2.44 に収束．）

このような行動は，ヴァーノン・スミスが行った「完全競争市場の比較静

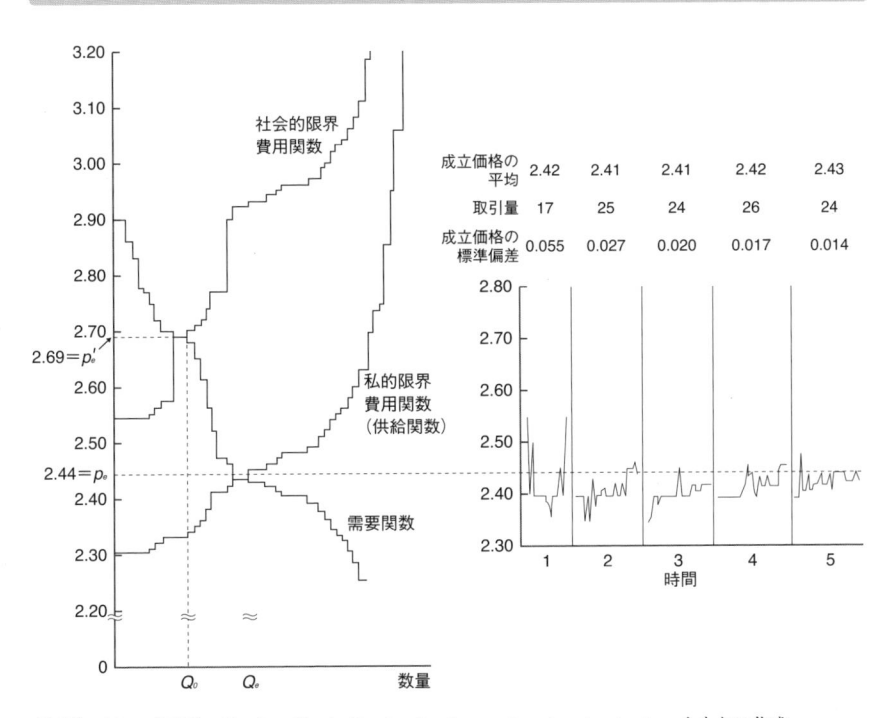

(出所) Plott (1983), Fig. 3., Fig. 4. Session 1, time series of contract prices をもとに作成．

図 8.1 外部性経済におけるダブルオークション（1983年；プロット）の実験結果

学」の実験からも決して不自然ではない．被験者達は自分達の取引により，次期の自分の費用関数がどのように変わるのかという規則性を把握するに至らず，自分の費用関数のシフトも比較静学として捕らえたのでないだろうか．それならば，すでに見たようにダブルオークションは需要関数あるいは供給関数のシフトにいち早く反応し，経済変数を新しい均衡値に近づける性能があるので，容易に想像できるであろう．

　ということは，このような情報構造の市場でパレート最適を達成するには，たとえ取引費用がゼロであっても，自発的交渉の成果に期待するのではなく，

ピグー税の導入が必要であると結論づけられる．

少し前まではピグー税の導入は，企業の費用関数について多くの情報を必要とするから実用的でないという批判が多かった．しかし，現在では外部性のある企業の費用関数の計測も計量経済学でなされているので，政府がピグー税を計算することも決して不可能ではなくなった．むしろ，各企業が他企業の費用関数の情報を使いこなして自発的交渉によりリンダール均衡を達成することの方が困難であり，ピグー税の計測以上に実用化までは距離がある感が否めない．

8.4 おわりに

外部性の存在する経済のパレート最適の達成については，大学者コースをもって「取引費用が存在しない世界では自発的交渉に任せればピグー税は不要だ」と言わしめた．しかし，普通の商品ならともかく「外部性」という商品は，その非排除性のため，3人以上の経済では効率性を達成する価格形成と資源配分が自然発生することは実験の結果からは望めないと言わざるを得ない（取引費用がかかる世界であれば，なおさらである）．

最後に今までの章で紹介した実験の結果をまとめよう．

1. ダブルオークション（外部性なし）では，完全競争均衡が一意に存在し調整過程が安定という理論予測が成立したモデルの下では，実験結果は価格が完全競争均衡に収束する傾向が観察された．
2. ダブルオークション（外部性なし）では，完全競争均衡が一意に存在し調整過程が不安定という理論予測が成立したモデルの下では，実験結果は価格が完全競争均衡に収束しない傾向が観察された．
3. 外部性のある経済のダブルオークションでは，完全競争均衡が一意に存在し調整過程が不安定という理論予測が成立したモデルの下で

は，実験結果は価格が完全競争均衡に収束する傾向が観察され，コースの定理による理論予測ほどパレートの意味で高い利得を達成する傾向は観察されなかった．

[参考文献]

今井賢一（2003）コースに学ぶ「市場経済における制度改革の本質（方向）」（日本経済新聞社編『巨匠が解く日本経済の難問』日本経済新聞社に所収）

奥野正寛・鈴村興太郎（1988）『ミクロ経済学II』岩波書店．

神取道宏（1994）ゲーム理論による経済学の静かな革命（岩井克人・伊藤元重編『現代の経済理論』東京大学出版会に所収）

Arrow, Kenneth J. (1951), "An Extension of the Basic Theorems of Welfare Economics," in Jerzy Neyman (ed.), *Proceedings of the Second Berkeley Symposium on Mathematical Statistics and Probability*, Berkeley: University of California Press.

Arrow, Kenneth J. (1951), *Social Choice and Individual Values*, New York: John Wiley & Sons.

Debreu, Gerard (1951), "The Coefficient of Resource Utilization," *Econometrica* 19, 273-292.

Coase, Ronald H. (1960), "The Problem of Social Cost," *Journal of Law and Economics* 3, 1-44.

Coase, Ronald H. (1991), "The Institutional Structure of Production," *Prize Lecture to the memory of Alfred Nobel*, December 9, 1991, (http://nobelprize.org/economics/laureates/1991/coase-lecture.html).

Hurwicz, Leonid (1995), "What is the Coase Theorem?" *Japan and the World Economy* 7, 49-74.

Ricardo, David (1817), *Principles of Political Economy and Taxation*, London: John Murray.

Plott, Charles R. (1983), "Externalities and Corrective Policies in Experimental Markets," *Economic Journal* 93, 106-127.

Schweizer, Urs (1988), "Externalities and the Coase Theorem: Hypothesis or Result ?," *Journal of Institutional and Theoretical Economics* 144, 245-266.

Stigler, George J. (1966), *The Theory of Price*, 3rd ed., New York: Macmillan.

終章
経済実験を教育現場に

　以下の文章は2015年1月17日（土）に実施された大学入試センター試験の1時限目の科目「公民」の「現代社会」第2問から抜粋し，一部表現を変えたものである．

> 　今日，大学入試センター試験を受けるために，電車やバスで会場までやって来て，途中の自動販売機で缶ジュースを買った人もいるかもしれない[1]．あなたが交通機関を利用したり，買い物をしたりすることは，財やサービスを提供する企業には事前に知らされていない．しかし，あなたたち消費者はそれらを支障なく利用したり購入したりできる．これは，財やサービスを必要とし，かつ実際に購入してくれる人にそれらを配分するという<u>市場メカニズムの働き</u>によるものである．

　この文の下線部「市場メカニズムの働き」について，試験では次のことが問われた．

---

[1] 大学入試センターは毎年1月の寒い時期に実施され，雪の多い地域では試験の開始時間を遅らせるところもある．そんな日に受験生が自動販売機で買うのは暖かい缶コーヒーかミルクティーかお茶ではないだろうかと問題文を読みながらここだけ少し首をひねった．

次の図は市場メカニズムの働きを説明している．ある商品の市場において，需要・供給と価格の間に図のような関係が成り立っており，需要曲線と供給曲線が交差する点において，均衡価格 P_0 と均衡取引数量 Q_0 が決まる．いま，その商品に対する購買意欲が高まったときに，他の条件に変化がない場合，まず初めに図のどの曲線がどちらの方向に移動するかの記述として最も適当なものを，下の①から④のうちから一つ選べ．

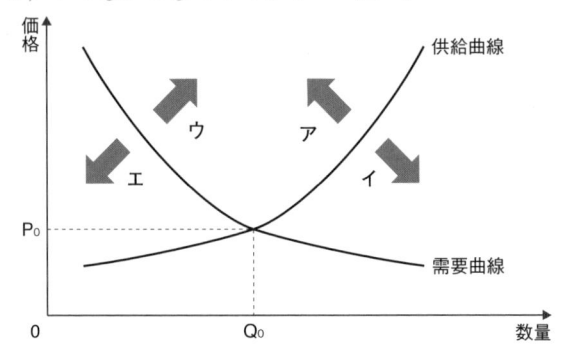

① 供給曲線がアの方向に移動する．
② 供給曲線がイの方向に移動する．
③ 需要曲線がウの方向に移動する．
④ 需要曲線がエの方向に移動する．

(出所) 2015 年度大学入試センター試験「公民」p.12 より引用．

正解は③である．文章を読み「購買意欲の高まり」＝「限界支払用意の増加」＝「需要曲線の上方シフト」と判断させる素直な問題である．

筆者はこの現代社会のセンター試験の問題が公開されたとき，高校の現代社会という科目の経済分野において完全競争市場の需要と供給の理論が重要事項の1つであることを認識した．それでは，「政治・経済」の経済分野においてはどのような問題が出題されるのか調べてみて驚いた．

以下の文章は同日同時間帯に実施された大学入試センター試験の「公民」の「政治・経済」第4問から抜粋し，一部表現を変えたものである．

終　章　経済実験を教育現場に　　　149

21世紀に入り，スポーツ界が企業活動のあり方に問題提起を行う事例もみられるようになった．たとえば，国際サッカー連盟は，児童労働によって作られたサッカーボールは公式球として使用しないとしている．

この文の下線部「企業活動」について，試験では次のことが問われた．

企業活動のあり方の変化は，市場に対して影響をもたらす場合がある．次の図には，スポーツ用品の需要曲線と供給曲線が実線で描かれている．また図中の矢印AからDは均衡の移動を表している．スポーツ用品の生産者は，当初，賃金の安い児童を多く雇用していたが，その後，国際NGO（非政府組織）の働きかけなどにより，生産者には国際的な労働基準を遵守することが求められるようになったとしよう．そのため，生産者は児童を雇用せず，より高い賃金を支払うようになったとする．他の条件を一定として，当初の均衡から，生産者が高い賃金を支払うようになった後の均衡への移動を表すものとして正しいものを，下の①から④のうちから一つ選べ．

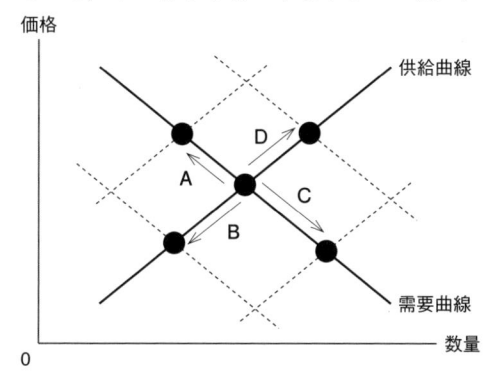

① A
② B
③ C
④ D

(出所)　2015年度大学入試センター試験「公民」p.100 より引用．

文章を読み「生産者がより高い賃金を支払う」＝「限界費用の増加」＝「供給曲線の上方シフト」とわかれば，正解は①と導ける．さてこの問題を「現代社会」の問題と比べてどう思われただろうか．シフトが需要曲線か供給曲線かの違いだけで，問いの本質は同じ「完全競争の比較静学」である．筆者が驚いたのはこのことである．「現代社会」と「政治・経済」はともに「公民」に分類される科目なので，問題用紙は同じ冊子に閉じられている．つまり，この問題は先程の「現代社会」の問題の後ろのページに別な科目「政治・経済」の問いとして載っていたのである．

　このことは何を物語るか考えよう．センター試験の現代社会の出題陣も政治・経済の出題陣も，他に重要な事項が数多くある中で，需要と供給の理論を大学の新入生は理解してきてほしい，ひいてはそのメッセージをこの問題を参考に今後勉強をする高校生たちそして教育現場で指導にあたる社会科の先生たちに対して伝えたいと考えたのではないだろうか．なお，両問題の出題陣がどのようなメンバー構成なのかは知る由もないが，内容の類似とは正反対に形式が（たとえば，需要と供給のグラフの描き方にしても[2]）あまりに異なるので，筆者はこの問題が両方の試験で出題されたことは全く独立な意思決定であったのではないかと推測する．もし筆者の推測が正しければ，2つの全く異なる研究者のグループがセンター試験出題という重大な社会的責任を負う仕事において同じ価値観を共有したことになる．大学進学を希望する高校生の全員がセンター試験を受験するわけではないが，現代社会あるいは政治・経済の時間で，需要と供給を学ぶとき，先生の「2015年のセンターでは現社と政経の両方で出たぞ」という一言のインパクトは高校生

---

2 【需要曲線と供給曲線の形状】現代社会（以降，現社と略）：曲線，政治・経済（以降，政経と略）：直線．【曲線のシフトの表現】現社：曲線のシフトの矢印が太く，変化の方向の記号がカタカナ，シフト後の曲線の表示なし，政経：曲線のシフトの矢印が細く，変化の方向の記号がアルファベット．シフト後の曲線が点線で表示．【曲線の交点の表現】現社：シフト前のもののみ座標で表示，政経：シフト前のものとシフト後のものすべてを大き過ぎるくらいの黒丸で表示．【座標軸】現社：先端が矢印，政経：先端に何もなし．

にとって十分大きい．

　上述のセンター試験の水準の完全競争の基礎理論を勉強して入学してくる学生に，大学の教員は何を教えるべきだろうか．需要と供給のそれぞれの背後にある消費者と生産者の最大化行動，完全競争，比較静学，余剰分析，市場の失敗，そして独占・寡占などを教員によって内容の取捨選択や順番の入れ換えはあるが，需要と供給の理論を大前提としてその先にあるものを学生には見せたいと思うものである．「基礎理論は高校で勉強済みなのだから」という考えに立てば当然であろう．

　だが，その基礎理論が本当に成り立つのかを，15回の授業のうち2回あるいは3回を使って確かめてみてはどうだろうか．それを可能にするのが，ダブルオークションの実験である．近年の実態はよく知らないのだが，かつては高校では化学，物理，生物の時間は理論の授業ばかりで，1年間に一度も実験を行わないという話は決してめずらしくなかった．そのために，大学の教養課程では理論と実験を隔週で行う形式の化学，物理，生物の授業があるほどだった．この形式により，高校時代に教わった理論のいくつかを「実際はどうなるか試した」ことを通じ，筆者にとって観察事実となった．ダブルオークションの実験は，完全競争の理論が「実際はどうなるか試した」経験を学生に与えることができる．

　実施のタイミングとしては，消費者・生産者の最大化行動が終わった頃か完全競争に入りかけの頃がよい．模擬の市場取引を体験することで，市場の理論を学ぶ意欲を高める効果と，段々授業がつまらなくなり「切ろうか」と考える学生に思い止まらせる効果がある．特に，高校時代「需要と供給で価格が決まる」というグラフを見て「需要曲線と供給曲線はどうやって出てくるのだろうか．多分これは『人』という字は2人の人間が支えあっている様子を表しているという話[3]と同じで，買いたい人たちの思いと売りたい人たちの思いが均衡で釣り合っていることを表す概念図なのだろう」というよう

3　俗説だということが明らかにされている．

なことを考えていた昔の筆者のような学生にとっては，経済学への考え方を変える好機となりうる．

このような効果を即座に感じることは難しいが，間違いなく言えることはダブルオークションの実験を入れると授業の雰囲気は必ず変わる．参加型の授業になるからだ．そして，筆者の経験から述べれば，それは「全員参加型」がよい（他人の実験を見ている学生はたまらなく退屈である）．取引者の人数は8人から12人が理想なので，受講者数がそれ以上であれば，取引者をチームにするとよい．たとえば，20人ならば2人組を10チーム，40人ならば4人組を10チーム作ってもよいし，5人組を8チーム作ってもよい．ただし，これもあくまで筆者の経験のみからの助言であるが，1チームは最大でも6人までがよいと思う（7人以上だと何もしない学生が出てきやすくなる）．したがって，受講生が6人×12チーム＝72人を超える授業では，大学院生や研究員あるいは経済実験に興味がある同僚の教員などに応援を頼み，2つ以上の教室で同時進行できれば問題ない．もちろん，そのためには応援をお願いする人と事前の入念な打ち合わせが必要となる．

これだけ準備を行っても，第1回目の実験で理論値が達成されることは期待しない方がよい．本書の第3, 4, 5章で述べたように，いろいろな原因で失敗は起きるものである．そのときは，その失敗の反省のもとに，教員はその次の授業で第2回目の実験を行うとよい（多人数の場合は応援がこの回まで必要となる）．そして，その次の授業で，担当教員が第1回目と第2回目のデータを見せて実験の結果を解説すれば，学生は計3回の授業で需要と供給の理論が実験を通じて学べるわけである．このような授業が日本の津々浦々の大学で年に数回行われる時代がいつの日か来ることを願いつつ，本書を閉じたい．

索 引

あ 行

アロウ，ケネス 13, 136

一般均衡 11
一般的交換手段 2
一般不可能性定理 136

か 行

外部経済 113
外部効果 112
外部性 112
外部負経済 113
可変費用関数 16, 29
神の見えざる手 52
完全競争 7
　——均衡 39, 76, 119
　——配分 40, 119

技術 15, 26
基礎条件 74
規模に関して収穫不変 75
供給関数 44

供給曲線 44
局所非飽和 40
均衡価格 34

クープマンス，チャリング 5
ゲール，デビッド 106

限界外部費用 114
限界効用 22
　——関数 22
限界支払用意 15
　——関数 15
限界生産力 27
　——関数 27
限界費用 16
　——関数 16

交換経済 75
厚生経済学の基本定理 42, 136
厚生経済学の第一基本定理 52, 53
効用 14, 22
効用関数 14, 22
コース，ロナルド 136
コースの定理 136, 138
固定費用 16, 29
個別賦存量 33, 76

さ 行

サムエルソン，ポール 13, 42

資産分配 33
市場メカニズムの働き 147
実現可能配分 18, 76, 115
私的限界費用 114
私的所有経済 13, 31
社会的原価意表 114
社会的費用 114

――関数　114
社会的賦存量　16
従量税　129
需要関数　48
需要曲線　48
準線形　14, 23
消費者余剰最大化　40, 40
情報構造　74, 79
初期配分　75, 76
初期保有ベクトル　76
ジョンソン，ハリー　64

スカーフ，ハーバート　104
スケーリング　91
スミス，アダム　52
スミス，ヴァーノン　55, 62, 84

生産関数　16, 27
生産物　15, 27
生産要素　15, 26
選好　21
　　――関係　22

総供給関数　47
総供給曲線　36, 47
総支払用意　15, 25
　　――関数　15, 25
総需要関数　51
総需要曲線　36, 51
総余剰関数　19

た 行

大域的安定　39
　　――性　39, 53
大学入試センター試験　147
タトヌマン　38

ダブルオークション　6, 55

チェンバリン，エドワード　64

強く準凹　23

ドゥブリュー，ジェラルド　13, 136
凸集合　27

な 行

ニュメレール　11

根岸型社会厚生関数　19
根岸隆　19, 42

は 行

早い者勝ち　7
パレート最適　19, 115

比較優位の原理　136
ピグー，アーサー　129
ピグー税　129
ヒックス，ジョン　13, 138
費用関数　16, 29
廣田正義　105

フェーズダイヤグラム　127
部分均衡　11
フレーミング効果　85
プロット，チャールズ　55, 142
分配率　32, 33

ポートフォリオ　33

ま行

マーシャル，アルフレッド 11
マーシャル的外部性 114
マーシャルのはさみ 11, 36
マッケルヴィー，リチャード 87
マッケンジー，ライオネル 13

や行

欲望の二重の一致 102
予算制約 2

ら行

リカード，デビッド 136
リンダール配分 139, 140

わ行

ワルラス，レオン 7, 11
ワルラス的調整過程 38
ワルラス法則 35, 118

おわりに
－謝辞を含めて－

　本書は日本評論社の『経済セミナー』に「実験ミクロ経済学」というタイトルで 2005 年 4 月号から 2006 年 2・3 月合併号まで連載した 11 回の記事のうち，9 月号，10 月号，11 月号の 3 回分[1]を除いた 8 回分を改訂し，終章を新たに書き下ろしたものです．3 回分を除いた理由は元になる理論が「需要と供給の関係」ではなかったことによります．これで本書の全章を貫く経済理論は完全競争市場の理論のみとなり，他の理論は一切使用しておりません．

　また，本書で紹介した実験の中で筆者が実際に行ったものは交換経済の実験のみです．完全競争市場の理論では生産経済の理論が重要で，本書の第 1, 2 章でも実験のためにどのように生産経済のモデルを作るかを書きました．生産経済では利潤をどのように消費者に分けるかでモデルはかなり複雑になるのですが，各生産者の利潤はそれぞれある 1 人の消費者の所得になると設定すると，モデルはかなり単純になります．このモデルで筆者は 2013 年 7 月 23 日に神戸大学で実験を行い，理論値に相当近い実験値を得ました．本書の出版に向けて『経済セミナー』の元原稿に加筆修正を始めたのが，2013 年 8 月からでしたので，当初はこの結果を本に収録する予定でした．

　ところが，2014 年になり再生医学における実験結果の再現性が極めて厳しく問われる事件が起きました．筆者の実験経済学の経験でも本書の第 4 章に書いたように他者により再現性が得られていた実験でも一部のおきてを遵守していなかったため失敗したり，第 5 章に書いたようにきちんと修正をして成功したりしたことは他にも数回あります．別の経験では 1 回目に絵に書いたように理論通りになりましたが，被験者を変えて行った 2 回目ではそこまでうまくいかなかったこともありました．また別の経験では筆者が共同研究者と行った実験と同じ実験を別の研究者が行ってくれたおかげで再現性が確かめられたこともありました．以

---

[1] 2006 年 9 月号「公共財市場：リンダール市場」，10 月号「公共財市場：調整過程と戦略的行動」，11 月号「公共財市場：戦略的行動とその向こう側」．

上のような実験科学の傾向と自らの経験から，1回成功しただけの実験結果の発表は本書が入門書であることも考慮して見送ることにしました．今後生産経済の追実験を行い，ときには設定を変えることにより，どのような条件が実験値が理論値となるために本質的か割り出したいと思います．そして，それが判明したら，何らかの形でみなさんに実験の設定と実施結果を公開できればと思います．本書収録の交換経済の実験および未収録の生産経済の実験を「やってみたいがアドバイスを」と思う方は，experiment@rieb.kobe-u.ac.jp までメールをお送り下さい．できる限りご相談に応じたいと思います．また本書にあり得べき誤植や誤謬はすべて筆者の責任です．もし見つけられた方は，お手数ですが同じアドレスまでメールをお送り頂けると幸いです．よろしくお願い申し上げます．

そしてこの場をお借りし，元々記事形式であった書き物をまとめて実験経済学の入門書として出版する機会を作って下さった西村和雄先生（神戸大学特命教授）に感謝致します．西村先生は筆者が実験経済学を本格的に学び始めた時期から論文を発表するまでの7年間（1997年から2003年まで），筆者がすでに京都大学経済研究所から大阪大学大学院国際公共政策研究科に移籍していたにもかかわらず，当時ご自身が代表者であった京都大学の「COE プロジェクト」の複雑系研究の分担者に筆者を加えて下さいました．その間，西村先生をはじめ同研究所の錚々たる教授陣であった佐和隆光（滋賀大学長），藤田昌久（経済産業研究所長），今井晴雄（京都大学客員教授），岡田章（一橋大学教授）の諸先生とは絶えず交流が続き，複雑系に限らず経済学全般の諸問題へのアプローチおよびプロジェクトを進めるノウハウを見聞きするさまざまな機会に恵まれました．「COE プロジェクト」の7年間は実験経済学だけでなくプロジェクトの運営力の基礎を学ばせて頂いたかけがえのない時期として思い出深く残っています．

筆者が実験経済学を体系的に学んだのは，1998年のカリフォルニア工科大学への1年間の在外研究期間が初めてでした．同大学への仲介の労を取って下さったのは，当時大阪大学社会経済研究所におられた西條辰義先生（一橋大学教授）でした．大阪大学に着任後間もない時期での長期不在となることで在外研究に応募することを多少ためらっていた筆者の背中を押してくれたのは，故蝋山昌一先生（当時大阪大学教授）でした．帰国後実験経済学で何か新しい研究をしないか

とご自分の費用便益分析プロジェクトに筆者を誘って下さったのは故橋本介三先生（当時大阪大学教授）でした．筆者の未熟さから大阪大学での仕事が教育一辺倒になりそうな中，諸先生方のお力添えにより実験経済学の研究とつながっていることができました．

そして，カリフォルニア工科大学で筆者に実験経済学を初歩から教えて下さり論文の公刊まで連れて行って下さったのは，チャールズ・プロット先生（カリフォルニア工科大学教授）でした．1998年1月から私は5, 6名の大学院生たちと机を並べてプロット先生の授業を受講しました．それがその冬カリフォルニアを襲ったエルニーニョ現象が去り，気候が良くなってきた4月頃から受講生は減り始め，途中から受講生は筆者1人になりました．それ以降プロット先生から教わったことはあまりに多すぎて本書に書ききれていないものもあります．ですが，このカリフォルニア工科大学での1年間がなかったら本書は書けなかったということだけはここに書き記したいと思います．

2004年に大阪大学から神戸大学経済経営研究所に移籍したとき，「21世紀COEプロジェクト」の研究分担者に筆者を加えて下さったのは故西島章次先生と故下村耕嗣先生（お2人とも当時神戸大学教授）でした．このプロジェクトのおかげで，実験経済学の教科書[2]の著者として名高いテッド・バーグストロム先生（カリフォルニア大学サンタバーバラ校教授）を神戸に約1ヶ月間招聘できました．バーグストロム先生からは実験経済学を教育に役立てることの大切さと実験のためモデルを可能な限り簡単にする心がけを教わりました．バーグストロム先生とは現在も「教育に使えて，なるべく簡単で，かつ面白い経済モデル」という理想を形にするプロジェクトを休止期間をはさみつつも連絡を取りながら続けており，本書のモデルも同じ理想の下に作りました．

2007年にIMFから神戸大学経済経営研究所教授に着任されケニア首相府経済アドバイザーを兼任された日野博之先生（ケープタウン大学客員教授）は「さまざまな国々の経済の安定性を検証するには，その国の人を参加者にした経済実験

---

2 Bergstrom, Theodore C., and John H. Miller (1999), *Experiments with Economic Principles: Microeconomics*, McGraw-Hill Companies.

を行うしかない」という信念のもと，ご自分のアフリカ研究プロジェクトに筆者を誘って下さいました．日野先生は筆者の共同研究者であった大和毅彦先生（東京工業大学教授）もこのアフリカプロジェクトに加えて下さいました．それを契機に筆者は大和先生および東京工業大学の大学院生と需要と供給に関する複数の実験研究を開始し，後に瀋俊毅先生（神戸大学教授），中丸麻由子先生（東京工業大学准教授）とも共同研究を始めました．現在でもこの東京工業大学と神戸大学との実験経済学の研究交流は続いており，共同研究者の方々から教わった多くのことがこの本にも生かされています．また『経済セミナー』への連載を始めた2005年から，実験の実施に伴うデータ処理・事務手続き・書類作成にあたっては真方志穂さん，新井敏絵さん，柴田智子さん，北野貴子さん，小川笑子さんら神戸大学経済経営研究所のスタッフによる多大なご尽力が不可欠でした．現在も筆者が経済理論の仕事と並行して実験経済学の仕事が続けられているのは，ひとえに研究所の恵まれた研究環境の賜物だと思っています．

　新世社の御園生晴彦さんは，筆者のおそろしいまでの遅筆にお付き合い下さり，草稿の表現や表記に関して適切な助言を下さいました．御園生さんと編集部の谷口雅彦さんの編集作業は本書を格段に読みやすくして下さいました．日本評論社の小西ふき子さんは，本書の元原稿が『経済セミナー』連載中に当時の担当として毎月校正をして下さったり，意味が伝わりやすい文章を考えて下さったり，読者の声を届けて下さったりとひとかたならぬお世話になりました．そして，それからちょうど10年後の今年『経済セミナー』編集長としてこの度の原稿の転載を許諾して下さいました．本書が出版にこぎつけられたのは，これら編集者の方々のおかげです．ここに記して感謝申し上げます．

著者略歴

下村　研一（しもむら　けんいち）

1962 年	鹿児島県生まれ
1993 年	ロチェスター大学大学院経済学研究科博士課程修了
1993 年	京都大学経済研究所専任講師
1994 年	Ph.D.（ロチェスター大学）取得
1996 年	大阪大学大学院国際公共政策研究科助教授
2004 年	神戸大学経済経営研究所助教授
現　在	神戸大学経済経営研究所教授

主要論文

"Competition among the Big and the Small," (with Jacques-François Thisse), *The RAND Journal of Economics* 43, 329–347, 2012.

"Simple Economies with Multiple Equilibria," (with Ted C. Bergstrom and Takehiko Yamato), *The B.E. Journal of Theoretical Economics* 9: Article 43, 2009.

"The Walras core of an Economy and Its Limit Theorem," (with Cheng-Zhong Qin and Lloyd S. Shapley), *Journal of Mathematical Economics* 42, 180–197, 2006.

"Global Instability in Experimental General Equilibrium: the Scarf Example," (with Chrstopher M. Anderson, Charles R. Plott, and Sander Granat), *Journal of Economic Theory* 115, 209–249, 2004.

"Beyond Nash Bargaining Theory: the Nash Set," (with Roberto Serrano), *Journal of Economic Theory* 83: 286–307, 1998.

"Quasi-cores in Bargaining Sets," *International Journal of Game Theory* 26: 283–302, 1997.

ライブラリ経済学コア・テキスト＆最先端
＝アドバンスト・コース1

実験経済学入門

2015年9月25日© 　　　　　初　版　発　行

著　者　下　村　研　一　　　発行者　木　下　敏　孝
　　　　　　　　　　　　　　印刷者　加　藤　純　男
　　　　　　　　　　　　　　製本者　米　良　孝　司

【発行】　　　　　株式会社　新世社
〒151-0051　東京都渋谷区千駄ヶ谷1丁目3番25号
編集 ☎(03)5474-8818(代)　　　サイエンスビル

【発売】　　　　　株式会社　サイエンス社
〒151-0051　東京都渋谷区千駄ヶ谷1丁目3番25号
営業 ☎(03)5474-8500(代)　　振替 00170-7-2387
FAX ☎(03)5474-8900

印刷　加藤文明社　　　　製本　ブックアート
《検印省略》

本書の内容を無断で複写複製することは，著作者および出版者の権利を侵害することがありますので，その場合にはあらかじめ小社あて許諾をお求めください。

サイエンス社・新世社のホームページのご案内
http://www.saiensu.co.jp
ご意見・ご要望は
shin@saiensu.co.jp まで．

ISBN 978-4-88384-229-2
PRINTED IN JAPAN